# 地域金融機関のための RAF構築

NTTデータ経営研究所

大野博堂 ［編著］

池田雅史／田中公義／山本邦人 ［著］

一般社団法人 金融財政事情研究会

# はじめに

　リスクアペタイト・フレームワーク（RAF）の構築機運が高まっている。これまでメガバンクなど大規模なグローバル金融機関のビジネスモデルとみられがちだったRAFの導入が地域金融機関にも広がりつつある背景として、金融庁が2019年6月に改正した「中小・地域金融機関向けの総合的な監督指針」のなかでRAFに言及したことがあげられる。

　RAFは金融機関を取り巻くリスクを点検のうえ、受容すべきリスクを特定、管理しながら収益を極大化し、持続可能性ある経営を目指すものだ。しかし、金融庁の監督指針においてRAFに言及されたとはいえ、現状ではその構築は法令等による規制ではなく、金融機関の自主的な経営判断に委ねられている。見方を変えれば、当局による規制要件が示されているわけではないので、地域金融機関はRAFの目的を自ら定め、態勢整備の道筋をつけていく必要がある。

　RAFについては、数年前から関連書籍も発行されてはいるものの、ほとんどが2013年頃に公表されたFSB（金融安定理事会）等の海外金融当局公表資料の翻訳もしくは解説である。わが国の地域金融機関がこれからRAFを構築していく際の手引きとしては、違和感が先に立ち、直接参考にするのがむずかしいのではないだろうか。

　その違和感は、わが国の地域金融機関が基盤とする市場・顧客、ビジネスモデル、経営課題が、国際金融監督機関間の議論のなかでRAFの考え方が生まれた当時にターゲットとされていた大規模なグローバル金融機関とはまったく異なることに起因する。

　そこで筆者たちは、地域金融機関が形式的な体裁ではなく、「持続可能な収益性と将来にわたる健全性」の確保のために有意なRAFを構築する際に、地域金融機関特有の事情をふまえたリスクの定義から実装と運用に至る方法論を包含した新たなリスク管理モデルが必要だと考え、これを本書では「モ

ディファイドRAF」と呼び、提唱する。具体的には、従来の統合リスク管理の延長線上にはない、コンダクト・リスクや金融機関の顧客リスクが集中する特定地域に偏在する「地域リスク」など、定量化しにくい情報も取り込んだ、リスク管理フレームワークである。

　まさに現下において世界中に深刻な景気停滞をもたらしている新型コロナウイルスへの対処について考えてみると、モディファイドRAFが有効に活用できそうだ。新型コロナウイルスの大規模流行は、金融機関が認識すべきリスクの一類型である「パンデミック」そのものであり、そのリスクの評価や削減方法の検討において、「自行庫」だけでなく、「顧客」や「地域」の視点が欠かせないからだ。

　本書は、多くの金融機関の行職員の方に手にとってもらえるよう、リスク管理の解説書につきものの難解な数式の列挙や専門用語の多用を避け、理解しやすい解説を心がけた。本書を通じ、RAFを構築もしくはその運用を改善しようとする金融機関職員の方々の課題解決に、いささかでも資することができたら幸いである。


　2020年4月吉日

大野　博堂

# 【著者紹介】

## 大野　博堂（おおの　はくどう）

NTTデータ経営研究所　パートナー　金融政策コンサルティングユニット長
NTTデータ入社後、大蔵省（現財務省）への出向を経て2006年よりNTTデータ経営研究所。
著書に『マイナンバーへの義務的対応＆利活用ガイド』（2015年）、『金融機関のためのサイバーセキュリティとBCPの実務』（2016年）、『AIが変える2025年の銀行業務』（2018年）などがある。

## 池田　雅史（いけだ　まさし）

NTTデータ経営研究所　マネージャー　金融政策コンサルティングユニット所属
地方銀行での有価証券運用業務、シンクタンク/ITベンダーでの金融ビジネス調査、監査法人でのリスクアドバイザリー業務を経て、2018年よりNTTデータ経営研究所。

## 田中　公義（たなか　ただし）

NTTデータ経営研究所　マネージャー　金融政策コンサルティングユニット所属
ITベンダーを経て、2014年よりNTTデータ経営研究所。金融機関におけるサイバーセキュリティ、AML/CFT、事務のBPRなどのコンサルティング業務に従事。

## 山本　邦人（やまもと　くにひと）

NTTデータ経営研究所　マネージャー　金融政策コンサルティングユニット所属
生命保険会社での人事、企画業務等を経て、2018年よりNTTデータ経営研究所。
金融機関のリスク管理高度化支援やサイバーセキュリティに関する調査研究等に従事。

# 目　次

| 序　章 | 地域金融機関にとってのRAF |

⑴　統合リスク管理とはどこが違うのか……………………………… 2
⑵　通用しないグローバルバンク向け枠組みの"直訳"…………… 3
⑶　2019年改正監督指針に初登場…………………………………… 4
⑷　地域金融機関にとって重大な地域・顧客リスク……………… 4
⑸　共同化によりコストメリットを実現…………………………… 6

| 第1章 | RAFの正体 |

1　金融危機後に登場した経営管理の枠組み………………………10
⑴　進んでリスクを取る………………………………………………11
⑵　システムも内包する全体的アプローチ…………………………11
⑶　顧客等の視点が不可欠……………………………………………12
⑷　戦略と整合的である………………………………………………13
2　日本におけるRAFへの取組み …………………………………18

| 第2章 | 地域金融機関にとってのRAFの課題 |

1　そもそもの解釈が難解……………………………………………24
2　事業モデル適合性に対する疑問…………………………………26
⑴　地元・地域へのインパクト………………………………………27
⑵　特定事業・リスクへの依存度合いの上昇………………………28
【BOX】RAFでみたメガ等大手と地域金融機関 …………………30
3　構築・運営の負荷…………………………………………………31

(1) 横の連携 ……………………………………………………………32

(2) 縦の連携 ……………………………………………………………33

(3) 斜めの連携 …………………………………………………………35


## 第3章 モディファイドRAFの構築

1 再考 地域金融機関を取り巻くリスク ……………………………40

2 モディファイドRAFの構築 ………………………………………44

(1) 解 釈 ………………………………………………………………44

(2) 事業モデルへの適合 ………………………………………………44

(3) 機構・運営の負荷 …………………………………………………47


## 第4章 非財務リスクへの対応

1 非財務リスクの分類 …………………………………………………56

2 主要な非財務リスクへの対応 ………………………………………59

(1) システムリスク ……………………………………………………59

(2) マネー・ローンダリングおよびテロ資金供与のリスク ……………72

(3) 事務リスク …………………………………………………………90

(4) 新たなリスク分類・リスク管理の視点 …………………………100


## 第5章 モディファイドRAFの構築に向けた視点

1 オペレーションからみたモディファイドRAFの全体像 ……………114

2 業界団体を中心としたリスク管理態勢のスケルトン共通化 …………117

3 リスク管理における顧客視点の導入 ………………………………121


事項索引 ………………………………………………………………129

# 序　章

# 地域金融機関にとっての
# RAF

## (1)　統合リスク管理とはどこが違うのか

　「RAFとは何か」といった問いかけをしても、多くの金融機関関係者が一言で答えることはできないことだろう。RAFについての共通認識が、日本の金融業界のなかで定義されていないのだから、当然である。また、RAFについてしっかりと第三者に伝えることができるコンサルタントもいない。このため、いま静かにRAF構築の機運は高まってはいるが、「ひとまずかたちばかりでも用意しなければ」といった体で構築が進んでいるのが実情である。実際、先行してRAF構築を進めている金融機関のなかには、統合リスク管理といったい何が異なるのだろうか、と首をかしげたくなる例も散見される。

　その原因の1つとして考えられるのが、対象リスクのカバレッジの問題である。導入における最初のステップとして、データの取得や指標の計測が比較的容易な市場リスクから取りかかるのは、一見合理的である。しかし、金融機関を取り巻くリスクは市場リスクだけではなく、信用リスクやオペリスク、さらにはコンダクト・リスクから地政学リスク、サイバーセキュリティ等、きわめて多岐にわたり、深化している。特にコンダクト・リスクをはじめとする非財務リスクの多くは、定量化モデルや管理手法が確立されていないこともあって、リスク管理の拠り所としたい情報にも事欠くのが実態だ。このため、いち早くRAFの構築に取り組む地域金融機関でも、定量化しにくいリスクの多くが省みられることなく放置され、そのことがますます市場性リスク中心の枠組みにとどまらせているのではないか。

　外部のアドバイザリーからRAF構築の支援を受ける金融機関もあるようだが、市場性リスク管理を専門とする（裏返せば非財務リスクに関して疎い）コンサルタントが、どういう非財務リスクを取り込むべきかについて、クライアント金融機関の経営環境をふまえた具体的なアドバイスをすることはまれだという。RAF全体の基礎をなす対象リスクの定義が、金融機関の知見の範囲と、「取り組みやすいところから」「数字でみえるところから」という

意向に委ねられる結果、おのずと従来の市場性リスク管理の延長線上で「なんちゃってRAF」の構築を模索するのが精一杯となっている。この現状は、各機関のホームページで公表されているRAFの方針の説明において、RAFの本来の趣旨からずれた情報が記載されていることからもうかがえる。

　また、統合リスク管理の場合には、リスク管理部門が所管している金融機関が多いが、RAFの趣旨に鑑みると、経営企画部門が担うのがふさわしい。RAFをリスク管理部門が所管し、他部門との広範な連携の中核に位置づけられている金融機関の各業務部門に話を聞いてみても、「やるべきことがリスク管理を主管する部門から示されるのみで、正直いって何をやればよいのかわからない」といった声も少なからず耳にする。仮に経営課題の解決に役立てる目的でRAF構築が進められているのであれば、こうした悩みは生じるはずもないのだが、「リスク管理」という単語が前面に打ち出されると、どうしても似たような悩みが表出しがちである。

　はたしてこのような現在のRAFのスコープで、わが国の地域金融機関の経営課題解決にどこまで資することができるのかおおいに疑問である。

## ⑵　通用しないグローバルバンク向け枠組みの"直訳"

　そもそもFSB（金融安定理事会）がRAFをデザインしたときに念頭に置いていたのは、当時背景にあった世界的な金融危機の"主役"であった、国際業務を営む大手グローバル金融機関である。日本ではメガバンク等の大手金融機関がターゲットになるだろうが、地域金融機関とりわけ国内基準行にはそのままでは適用しにくい。ましてや資金量こそ普通銀行並みに大きくても、国内基準が適用される信用金庫や信用組合に、大規模金融機関向けのRAFの構築を促すことは現実的ではない。

　金融庁が期待するRAF構築の目的は、自行庫を取り巻くあらゆるリスクを正しく認識したうえで、受容すべき、あるいは積極的に取るべきリスクを特定し、リスク量をコントロールしたうえで顧客本位の業務運営を推進することであろう。ところが、RAFの枠組みは自行庫のリスクコントロールに

過度なウェイトが置かれている。すなわち、顧客に与える影響の視点が詳細には定義されずに、自行庫が負うリスク中心の検討スコープとなっている。当然だが、このままでは顧客本位の経営を志向する地域金融機関に適しているとは言いがたいのである。

## (3) 2019年改正監督指針に初登場

　金融庁は2019年6月に改正した「中小・地域金融機関向けの総合的な監督指針」において、「持続可能な収益性と将来にわたる健全性」を確保する態勢として、RAFを例示した。「Ⅱ-2-3　持続可能な収益性と将来にわたる健全性」という項は本改正で新設され、また、RAFという用語が監督指針で使用されたのは初めてである。

　しかし、金融庁では、すでにモニタリングの主眼を従来の足元の収益指標を基準とした早期警戒制度から、収益性と将来にわたる健全性に着目する仕組みに変更し、金融機関に対してもストレステストの実施を強く推奨している。金融庁では金融機関ごとに収益シミュレーションを実施できる環境を用意しているとされ、結果を金融機関に突きつけるだけではなく、個々の金融機関においてもストレステストをふまえた収益シミュレーションを実装し、検証することを促している。これはまさに、RAF対応の一部を構成する作業と位置づけられる。金融庁はRAFそのものを推進するというよりも、RAFに準拠したかたちでの内部管理機能の高度化を企図しているものと私たちは考えている。

## (4) 地域金融機関にとって重大な地域・顧客リスク

　地域金融機関におけるストレステストの先行事例をみてみると、金利、為替レートといったすでに統合リスク管理の対象となっていたパラメータの感応度分析の充実ぶりに比べて、内部不正に起因するコンダクト・リスクをはじめとしたオペレーションリスクについては、必ずしも十分な検証環境が整っているとは言いがたい。総じて市場性が低く定量的な捕捉がむずかしいリ

スク（非財務リスク）が経営に及ぼす影響を推計する部分での対応が十分ではない。

　ましてや、営業基盤が狭い地域金融機関は、特定地域・顧客と緊密なリレーションシップを築きやすい半面、メガバンク等と比較してリスク分散が図りにくいという特徴がある。もし、その地域や主要顧客に重大なイベントが発生した場合、地域金融機関も巻き込まれ、経営の根幹が揺るがされるような事態も招来しうる。本書の校了直前の現在においてもなお感染が拡大し、地方経済に及ぼす損失はリーマンショックを超えるとみられる新型コロナパンデミックがその典型であろう。

　そこで私たちは、こうした地域金融機関が経営実態に適したRAFを構築していくうえでの課題を解決したモデルを「モディファイドRAF」と名づけ、導入を提唱している。

　モディファイドRAFはどのように機能するのか。たとえば、特定の活断層周辺に集中して営業基盤を有する地域金融機関において、震度7といった烈震に営業地域が見舞われたケースを想定のうえ、「営業リソースにどのような金銭的損失を与えるか」といった視点で、短期的に被る一次被害額、さらには営業継続が困難となる期間を考慮した逸失利益（機会損失）を算出する。他方で、域内の顧客が被るであろう金銭的損失を算出し、「自行庫」に加え「顧客」の視点でのリスク評価が可能となる。次に、事前に対応すべき自行庫でのリスク削減策を検討し、顧客に与える影響についてもヘッジ機能をローン性商品に組み込むことで、顧客側の金銭的被害を最大限抑制する――というリスク管理プロセスを用意できる。

　あるいは、巨大な輸出港を抱える町を営業基盤とする地域金融機関であれば、顧客企業の想定輸出相手先および主たる輸出品目を念頭に、相手先国における政治情勢が悪化した、といったケースを想定する。この場合は、相手先国の政情不安などを契機に該当国への輸出に支障をきたし、連動して為替レートも大きく変動。主たる輸出産品の供給が不全となるというシナリオに基づく、顧客企業の業績不安を通じた自行庫の顧客基盤に影響を及ぼす過程

をシミュレーションする。この場合、顧客へのローン商品に為替ヘッジ機能を組み込んでいるか、想定外の事象に翻弄されるであろう顧客企業の経営基盤を保険商品などでヘッジできているか、といった点が検証項目としてあげられるだろうし、該当企業へのヒアリングなどを通じて十分なポジションカバーがなされていないようであれば、新たな金融商品などを勧奨することで顧客企業の経営上のダメージを減少させ、ひいては自行庫にとっての悪影響の軽減にもつなげる。

私たちが提唱するモディファイドRAFの要諦はまさにこの部分にある。自行庫を取り巻くリスクを評価しコントロールするだけではなく、あわせて顧客に与える影響や顧客企業が受けるであろうリスクをも把握、評価する。そのうえで顧客企業が負うであろう損失まで考慮した間接的支援を可能とすることで、地域密着型のわが国の地域金融機関経営の実情に即したモデルとなり、ひいては当局が要請する顧客本位の営業態勢構築にも近づくのである。

### ⑸　共同化によりコストメリットを実現

ただし、個々の金融機関がこうした検討を独自に推進するとなると、対応態勢やコスト上の問題に直面することになる。地域金融機関の経営の方向性やビジネスモデルに鑑みつつ、モディファイドRAF構築コストを極小化するには、複数の金融機関の共同作業によるコスト低減が有効であろう。参加金融機関に共通するインプットデータの整備や業務フロー構築の負荷を分散するとともに、管理項目や指針、運用手順などについても地域金融機関共通のスケルトンを共同開発できるだろう。

また、個々の金融機関を取り巻くリスクや取扱商品のラインアップ、投資対象などを選択肢化し、自行庫の経営戦略に即した対象物をピックアップのうえ策定手続を進める仕組みをあらかじめ共同開発しておけば、RAFの導入コストを圧縮すると同時に、他の参加金融機関の取組みを参考にしながらの独自性のある対応も実現可能だろう。差別化を図るのは経営戦略や営業活

6

動そのものであり、リスクの計測手法やフレームワーク自体は他者と基盤を同一とすることで、不足する内部リソースをより重要な経営課題の検討に振り向ける余力が生まれるものと期待される。

　本書では、以下、地域金融機関が、「持続可能な収益性と将来にわたる健全性」の確保のためにRAFを構築する際の課題を解決する「モディファイドRAF」の考え方、実装および運用の方法論を解説する。

# 第1章

## RAFの正体

## 1 金融危機後に登場した経営管理の枠組み

　RAF（リスクアペタイト・フレームワーク）は、金融危機後、ガバナンス強化等の観点と相まって、FSB（金融安定理事会）等グローバル当局による推奨とともに、大手金融機関から検討・構築が始まった経営管理の枠組みの1つである。概念としては金融危機後の議論・各種当局文書に垣間見えるが、明確に打ち出されたのは、2013年11月にFSBにより発出された「実効的なリスクアペタイト・フレームワークの諸原則（Principles for An Effective Risk Appetite Framework）」からであろう[1]。同文書では、RAFの要となるリスクアペタイト、およびRAFについて以下のように定義した[2]。

・リスクアペタイト……戦略上の目的や業務計画を達成するため、リスクキャパシティの範囲内で、金融機関が進んで取ろうとするリスクの総量とタイプ。
・リスクアペタイト・フレームワーク（RAF）……リスクアペタイトを組織内に確立して、コミュニケーションをとり、モニタリングするための方針、プロセス、コントロール、システムを含む全体的なアプローチ。リスクアペタイト・ステートメント、リスクリミットおよびRAFの導入とモニタリングを監督する役割や責任の体系が含まれる。RAFの策定にあたっては、銀行にとって重大なリスクならびに契約者、預金者、投資家および顧客に対する銀行の評判を考慮しなければならない。RAFは銀行の戦略と整合的である。

　周知のとおり、RAFは規制ではない。当局と金融機関間のコミュニケー

---

1　https://www.fsb.org/2013/11/r_131118/
2　日本金融監査協会・リスクガバナンス研究会による仮訳「実効的なリスクアペタイト・フレームワークの諸原則」を参照。以下、特段の断りのない限り、当該文書からの引用は本仮訳を参照している。

ションを円滑にする共通の概念としてあくまで例示されたものであり、従来の金融規制のような要件が詳細に定められているわけではない。ただ、上記数行の定義をみるだけでも、それまでの経営管理・リスク管理との違いを4つ指摘することができる。

## (1) 進んでリスクを取る

まずは、リスクを「進んで取ろう」というリスクアペタイトの概念についてである。従来の経営管理・リスク管理は、「守り」の側面があった。金融機関におけるリスク抑制の手段としては、たとえば、銘柄や企業への投融資については、想定されるボラティリティ（価格変動）や格付等により一定の上限が定められているケースが多い。実務的には、当該上限を超える投融資については経営会議において審議する等意思決定のプロセスが整備されていても、一歩引いた目でみると、「規範」が先で、本来語るべき収益よりも、法令遵守的に審議・意思決定が行われているのではないだろうか。同じようなことが、いわゆる統合リスク管理についてもいえる。典型的なプロセスとしては、会社から配賦された資本に即し、各事業・部門が収益の獲得を図るというものであろうが、こちらも一歩引くと、会社の資本が先に立ち、その従属変数として収益があるようにもみえる。

リスクとは本来、収益（リターン）を得るために取るものである。リスクキャパシティ（後述）の範囲であることはもちろん必要であるが、「取る」という意思決定が起点となる点で、RAFはそれまでの経営管理・リスク管理と一線を画している。

## (2) システムも内包する全体的アプローチ

次に、「プロセス、コントロール、システムを含む全体的なアプローチ」という点についてである。ここでは特に「システムを含む」に注目したい。詳しくは、バーゼル銀行監督委員会による「実効的なリスクデータ集計とリスク報告に関する諸原則（Principles for effective risk data aggregation and risk reporting）」を参照されたいが[3]、FSBによる上記諸原則においては、「効果的かつ効率的なRAFは、金融機関における情報技術（IT）と経営情報システム（MIS）の展開と密接に結びつけて検討されるべきである」と述べている。

　昨今の潮流として、「フォワードルッキング」がリスク管理の１つのキーワードとなっているが、その要となるストレステストを適時かつ高頻度に実施しようとすれば、その上流プロセスにあるデータの収集や集計は効率的に行う必要がある。また、その結果を、経営層に効果的にレポーティングしようとすれば、たとえばダッシュボード等テクノロジーの援用も視野に入れたい。最近の技術ではクリック１つでグラフの内訳や寄与度を瞬時に表示できる。同じ画面をインタラクティブにみることで議論の活性化が期待できる。リスクを取るという「攻め」の視点を、金融機関の経営管理・リスク管理に適切に織り込もうとすると、それを担保するためのITやオペレーションへの考慮・対応もおのずと必要となる。

### (3)　顧客等の視点が不可欠

　３つ目は、「契約者、預金者、投資家および顧客に対する銀行の評判」への配慮である。私たちが金融機関と意見交換するなかで、失礼ながら時折欠如しているように思われるのは、この点である。

　これまでの経営管理・リスク管理が「守り」、そしてRAFで示されたのが「攻め」と、あえて誤解を恐れずに述べてきたが、いずれも自社が「主語」となっていることに読者は気づかれただろうか。詳細は第３章等で述べるが、昨今の顕在化している事象にみるとおり、従業員の不正・不祥事が結果として顧客やステークホルダーに損害・悪影響を及ぼすコンダクト・リスクへの対応は、企業・金融機関にとって急務となっている。また、震災や台風等によって営業店を含む銀行オペレーションが滞り、結果として顧客に迷惑

---

3　https://www.bis.org/publ/bcbs239.pdf

が及ぶ事態も想定される。テクノロジーの進展により、サイバーや場合によっては振り込め詐欺や偽造カードへの対処も求められている。

これらは非財務リスクと称されるものであるが、RAFにおいては可能な限り極小化・排除する必要がある。わが国ではフィデューシャリー・デューティーや顧客本位の業務運営が唱えられているが、実効性あるRAFを構築するには、「顧客」の視点も不可欠であることをあえて強調したい。

## (4) 戦略と整合的である

最後は、「戦略と整合的」という点である。これは、地域金融機関の方と会話するなかで、しばしば指摘される課題・問題意識とも合致する。

考え方によるが、地域金融機関の場合、地元への貢献という理念・哲学を掲げている以上、地元取引先への融資は経済合理性だけでは判断しにくい側面がある。多くの地域金融機関が、地元における需資(資金ニーズ)の乏しさから、隣県や大都市圏での融資を強化していることは広く知られるが、他方、事業性評価やコンサルティング、金融仲介機能のベンチマーク等、地元企業の資金ニーズを掘り起こすための取組みを促す施策も当局より相次いで打ち出されている。

こうしたなか、顧客から期待される収益とリスク、さらには戦略との整合性を合理性をもって説明できる金融機関はさほど多くないのではなかろうか。これは少なからず金融機関の組織体制に起因するように思われる。たとえば、年度の収益計画は総合企画部、商品・顧客別の目標設定は営業企画部、それを受けてのリスク管理の側面からの検証はリスク管理部etcと、収益と営業、リスクだけでみても個々の部署において半ば完結するかたちで行われている。協議・すりあわせ自体は部署間で行われていても、共通する言語がないのが実態ではなかろうか(図表1参照)。一歩踏み込んでいえば、RAFは、リスクを起点にするという点で、当局と金融機関だけでなく、金融機関内でも共通の言語となる可能性がある。リスクという同じ言語を基に「縦横斜め」のコミュニケーションが期待できる点で、概念にとどまりがち

図表1　部署別にみた所管業務とコミュニケーション

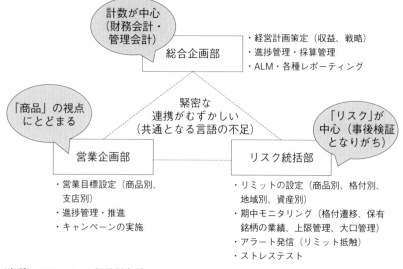

（出所）　NTTデータ経営研究所

であったリスクカルチャー（リスク文化）の醸成が加速する可能性を秘めている[4]。

　私たちはここまでRAFは規制ではないとしながらも、FSBの文書を材料に、RAFの考え方を論じてきた。その動機は、規制を規制ととらえるのではなく、提示された背景・思想を理解することが、自律的な金融機関経営に役立つとの思いによる。金融機関は長い間規制業種として、新たな事業・サービスの展開が制限されてきた。しかし、いわゆるフィンテックや、それに伴う規制緩和等により、新規参入者との差別化や競争優位性発揮の必要性

---

4　本文で紹介したFSB「実効的なリスクアペタイト・フレームワークの諸原則」では、RAFに関する過去の文書・見立てを引用しつつ、「監督当局と金融機関および金融機関の内部でのコミュニケーションを促進する」必要性をふまえて、関連する用語の定義や考え方等を記すに至ったとしている。詳細は類書を参照されたいが、金融危機の遠因の1つとして、内部管理・リスク管理に関する監督当局と金融機関、金融機関内のコミュニケーションが、円滑さや実効性を欠いていたとの指摘があった。

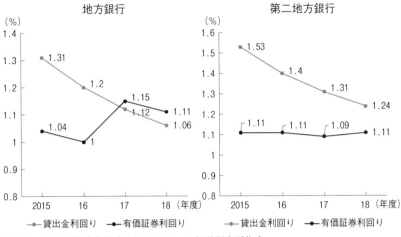

図表2　地域銀行の貸出金利回りと有価証券利回り

地方銀行

（出所）　全国銀行協会統計よりNTTデータ経営研究所作成

がかつてなく高まっている。これまでの金融機関経営は、規制業種ゆえの参入障壁によって守られてきた。すなわち、集めた預金を貸出に回し、余ったお金は有価証券で運用するという伝統的なストックビジネスで成り立っていたが、人口減少や、マイナス金利等に象徴される超低金利政策により、貸出金利回り・有価証券利回りは低下基調が続いている（図表2参照）。

　苦境を受け、金融機関は投資信託や保険等金融商品の販売や、アパート・マンションローンへの取組み、実績の少なかった市場や商品への投資により、毎期々々の決算を切り抜けるかのように不慣れな分野に触手を伸ばしてきた。その結果、すべての金融機関というわけではもちろんないが、不適切な金融商品の販売や勧誘、特定の市場・商品への集中による多大な損失の発生等、リスクの顕在化ともとれる事象が散発しているようにも見受けられる[5]。経営に「たられば」は意味をなさないかもしれないが、RAFの考えにのっとった金融機関経営・オペレーションが定着していれば、防げていた事象もあったかもしれない。

　FSBによる同文書は、紙幅15ページ弱のものであるが、RAFについて、

そのあり方からリスクリミット、取締役会やCEOを含む経営層の役割や責任、さらには業務ライン責任者や内部監査等、コーポレート・ガバナンスの観点をふまえつつ、金融機関に求められる経営管理・リスク管理について、新たな絵姿を提示したものといえる。同文書では、リスクキャパシティ、リスクアペタイト・ステートメント、リスクリミットについて、それぞれ以下のように定義されている。

・リスクキャパシティ……現行水準の資源を所与として、規制資本、流動性ニーズ、業務環境（たとえば、技術的なインフラ、リスク管理能力、専門知識など）、および、行為規範の観点も含め、預金者、保険契約者、株主、債券投資家、ならびに、その他の顧客やステークホルダーに対する義務によって決まる制約要件に抵触せずに金融機関が取ることができる最大レベルのリスク量。

・リスクアペタイト・ステートメント（RAS）……金融機関が業務目的を達成するために受け入れる、あるいは、避けるリスクの総量やタイプを文書にしたステートメント。RASには、定性的なステートメント、ならびに、収益、資本、リスク測定、流動性およびその他の必要に応じた指標に関連する定量的な測定基準が含まれる。また、RASは、たとえば、評判とコンダクト・リスク、ならびに、マネーローンダリングと倫理に反する実務などの定量化がより困難なリスクにも対処するものでなければならない。

・リスクリミット……金融機関のリスクアペタイト・ステートメントの集計値（たとえば、損失あるいはネガティブな事象の指標）を、業務ラインごと、関連する法人組織ごと、特定のリスクカテゴリーごと、集中、および、その他の必要に応じたレベルごとに割り当てる、フォワード・ルッキングな仮定に基づく定量的な指標。

---

5　企業役職員による不祥事が相次いでいる。金融機関では、政府系金融機関による制度融資における不正や、中堅地方銀行によるアパート・マンションローンにおける不正、大手生命保険による不適切な勧誘等が大きな問題となった。詳細は第3章等で述べるが、これらは近年、コンダクト・リスクと呼ばれ、金融機関における管理態勢の整備が急務となっている。

詳細は次章以下に譲るが、私たちは、実効性あるRAFを構築・運営するには、①その背景・思想を理解・想像すること、②戦略や組織設計だけでなく、IT・オペレーションにも配慮すること、③自社のみに閉じず、顧客をはじめとするステークホルダーの視点を取り入れること、の３つがきわめて重要と考えている。

　ところで本節では、もっぱらRAFの定義・考え方に関する「読者の揺れ」を最小化するため、最も代表的な2013年11月のFSB文書を起点に、そのアプローチや留意すべきポイントを論じてきた。

　しかし、RAFへつながる考え方自体は、それ以前からも議論されてきた。

　たとえば、主要当局幹部層より構成されるシニア・スーパーバイザーズ・グループ（SSG）は、2010年に「Observation on Developments in Risk Appetite Framework and IT Infrastructure（リスクアペタイト・フレームワークとITインフラストラクチャーの構築の状況：仮訳）」と題する文書を発出しているほか、それ以前にもリスク管理に関する文書を多数公表している。SSGによる文書群は、実務家目線であるべきリスク管理の姿を述べており、後の議論に多大な影響を与えたとされる。

　また、詳細は次節で述べるが、RAFはもともとグローバル金融システムにおいて重要となる大手金融機関、いわゆるG-SIFIs（Systemically Important Financial institutions）を念頭に議論されたアプローチともされる。G-SIFIsへの監督について、FSBは2012年に、たとえば「Increasing the Intensity and Effectiveness of SIFI Supervision（G-SIFIsの監督についての深度の高まりと効果：仮訳）」を発出し、RAFについても個別で論じている。

　2013年11月のFSB以降の文書でしばしば取り上げられてきたのは、2015年7月にバーゼル銀行監督委員会（BCBS）によって公表された「銀行のためのコーポレート・ガバナンス諸原則」（Corporate governance principles for banks)」である。これは、2010年10月に公表されたものの改訂であり、たとえば、取締役会の監視とリスクガバナンスに対する責任の強化や、RAFの構成要素であるリスクアペタイトや、リスクキャパシティ等を明確化したも

のとも位置づけられる。

　私たちはこれら文書を読む際に重要なのは、求められる要件よりも、その背後にある思想や精神と考えている。後述のとおり、RAFについてはそもそもの解釈がむずかしいとの声が少なくない。しかし、これを規制ととらえるか経営管理の枠組みととらえるかで、その後にみえる風景は大きく変わってくる。

　RAFは1つ1つの解釈や実装には試行錯誤がつきまとうが、その試行錯誤こそが自律的に考える文化を促し、ひいては持続可能性ある地域金融機関経営につながると私たちは考えている。超低金利環境の継続や人口減少等、地域金融機関を取り巻く環境は決して楽観できるものではない。これを脅威ととらえるか、機会ととらえるかで、RAFに対する取組姿勢も大きく変わってくるのではないだろうか。

## 2　日本におけるRAFへの取組み

　リスクアペタイト・フレームワーク（RAF）とは、どのリスクをどの程度受容し、経営効率を引き上げるか、といった視点で構築される金融機関内のスキームを指す。金融庁が2019年3月に公表した「金融システムの安定を目標とする検査・監督の考え方と進め方（健全性政策基本方針）」では、リスクアペタイトを「資本配分や収益最大化を含むリスクテイク方針全般に関する社内の共通言語として用いる経営管理の枠組み」として定義している。一般的には、戦略目標や事業計画達成のため、自社のビジネスモデルの個別性をふまえたうえで進んで受け入れるリスクの種類と総量（リスクアペタイト）を決定。これらのリスクを全社でモニタリングしつつコントロールする枠組みとして解される。

　特定の「規制」とは異なるのがRAFの特徴であり、対応ができていれば

よい、というわけではなく、随時見直しが必要になる。この場合の「進んで受け入れる」の理解が重要だ。金融機関にとってリスクは、喜んで選好するものばかりではなく、結果的に「受け入れざるをえないリスク」にさらされるケースがほとんどのはずだ。したがって、環境要因や地域リスク、といった「不可避のリスク」をもって「進んで受け入れるリスク」として認識すべきだろう。たとえば、南海トラフの地震とこれに伴う高さ三十数メートルの津波に襲われる可能性の高い特定の沿岸地域に本支店が所在する金融機関の場合、「津波リスク」がこれに該当することになるだろう。

わが国では、先行する海外におけるRAFの推進を念頭に、金融庁と日本銀行が調査研究をリードしている。金融庁では2015年以降、公表文書中にRAFという言葉を使い始め、毎事務年度の金融行政方針においてもたびたび言及してきた。ただし、そのフレームワークやガイドラインについては仔細な部分への言及はなされず、「RAF等の活用」といった大くくりでの取扱いにとどまっている。これは、金融庁自身、RAFがそもそも国際的に活動する金融機関（G-SIFIs）におけるリスクコントロールを目的にした概念であることを意識しているためと考えられる。一方、FSBが公表するガイドライン（後述）については、その具体的な定義は解釈の余地が残されており、そもそもあいまいな内容となっている。

一方でわが国の場合、人口減少社会の到来や経済活動の都市部への一極集中による地域経済の疲弊などを背景に、地域金融機関を取り巻く経営環境は盤石とは言いがたい。こうしたなか金融庁においても、G-SIFIsを対象としたフレームワークである現状のRAFがいかに大規模金融機関に適していても、そのままではわが国の地域金融機関に適用するのはむずかしいと考えたのではないだろうか。本来ならば、RAFをベースに地域金融機関向けにモディファイした新たな参考スキームを用意し、ガイドラインの形態で公表することで、わが国の実情にあった枠組みが構築されるべきところだろうが、残念ながら当局における検討はまだそこまでは至っていないようだ。

では、欧米事例の先行研究に注力してきた日本銀行での動きはどうか。

2019年3月に日本銀行金融機構局金融高度化センターから、「ガバナンス改革とリスクアペタイト・フレームワーク」という資料が公表されている。同資料は、RAFについて、金融庁の前記資料を紐解きながら、経営理念と目標に加え、組織を動かす内部統制の枠組みを組み込むことがRAFの概念である、と述べている。また、「組織を動かす内部統制の枠組み」は、目標設定→リスクの認識と選択→統制メカニズムも発現、といったサイクルを回すことで実現されるものとしている。RAFの展開に先んじて、取締役会ではリスクアペタイト・ステートメント（RAS）の構築が肝要としている。

　RASでは6つのステートメントが示される。


・格付を維持しうる範囲でリスクテイクを行い、収益力を高めること
・資本の範囲内で、信用集中リスクを取ること
・期間利益確保のため、リスク管理の意欲を高めつつ、運用の多様化を進めること
・不測の資金流出に備えて、最小限の国債投資を維持すること
・リスクプロファイルが不明確な投資は行わないこと
・顧客の信頼を失わないように顕在化した事件・事故等の再発防止と、潜在的なリスク事象の未然防止に努めること
（出所）　日本銀行公表資料


　また、日本銀行では、RASのステートメントをふまえ、内部監査を機能させることが必要であると解説している。さらに、その適用対象たる金融機関として、「いまや国際社会では、国際的に活動する金融機関（G-SIFIs）だけではなく、地域金融機関でも、RASの策定、RAFの構築が進み、定着した感がある」ともしている。日本銀行ではRAFのわが国金融機関への適用における有意事例の共有を目的に、全国の主要都市で「ガバナンス改革の実践〜RAF構築のポイント」と題した地域セミナーを定期的に開催している。そこでは先行してRAFを構築した地方銀行を講師として招聘し、パネルディ

スカッションを通じて構築に際しての工夫や悩みといったものの情報共有を図るなど、多くの地方銀行から参加者を集めている。

　また、日本銀行では、わが国金融機関におけるRAFの構築の実態把握にも努めており、2019年3月にはアンケート調査を実施している（図表3参照）。

　このアンケート調査結果からは、2019年3月時点では銀行・証券・持株会社（102先）のうち、23％がRAFを構築ずみとしており、うち地域銀行と持株会社は88先の14％となっていることがわかった。また、2019年度以降RAFの構築を検討している、との回答もそれぞれ38％、42％となっており、少なくとも今後半数以上の金融機関がRAFを構築しようとしていることがわかる。

　ただし、日本銀行が同時に公表している金融機関の構築事例をみると、一貫して自行庫内でのリスクコントロールが中心となっていることがわかり、必ずしも収益目標の達成そのものにはリンクできていない実態もうかがえる。リスクコントロールに主眼が置かれてしまっていることもあり、営業部門との連携にまで配意が行き届いていないためだろう。背景として、地域金融機関などの先行事例などをみると、リスク統括部といった部門を中心に構築が進み、継続管理されている例が多いことがあげられる。RAFの構築は本来は経営管理の一環で経営企画部門などが各部門と連携して運用すべきものと私たちは考えているが、そのような管理態様になっていないことが、営業活動たる収益スキームに直結していない大きな理由の一つと考えられる。それもあり、RAFの構築が進んでいる金融機関へのヒアリングからは、「引き続きコスト対応となっており、リターンを生み出しにくい」といった不満が聞こえてくるのだ。さらには「統合リスク管理との違い」について明確な答えを持ち合わせていない金融機関も少なくないのが実態だ。このままの枠組みでわが国金融機関におけるRAF構築が「かたちばかり」進んだ場合、ただでさえ収益力が課題となっている地域金融機関にとってRAFは、本来の目的を達成しえないどころか、「余計な管理対象」が増すばかりの〝お荷

図表 3　日本銀行によるアンケート結果

▽リスクアペタイト・ステートメント（RAS）

| | 2018年度RASを作成している | 2019年度以降RASの作成を検討している | 合　計 |
|---|---|---|---|
| 銀行・証券・持株会社（102先） | 20% | 30% | 50% |
| 　地域銀行・持株　会社（88先） | 10% | 34% | 44% |

▽リスクアペタイト・フレームワーク（RAF）

| | 2018年度RAFを構築している | 2019年度以降RAFの構築を検討している | 合　計 |
|---|---|---|---|
| 銀行・証券・持株会社（102先） | 23% | 38% | 61% |
| 　地域銀行・持株　会社（88先） | 14% | 42% | 56% |

（注）　2019年 3 月時点で回答の得られた先を暫定的に集計。
（出所）　日本銀行ホームページ

物"になりかねない状況にあるといえる。

# 第2章

# 地域金融機関にとっての RAFの課題

第１章では、金融危機での教訓、およびそれを受けてのFSB文書を起点にRAF導入に際し求められる視点を述べた。そこでは、リスクを「取る」視点、IT・オペレーションへの配慮、「顧客」の視点等、それまでのリスク管理・経営管理にはない特徴がいくつも浮かび上がった。また、わが国当局もそれに呼応しているように見受けられる。私たちはFSB文書、さらにはわが国当局の関心の高まりとともに、地域金融機関との意見交換を重ねてきた。しかし、彼らの声を聞くと、RAFのコンセプト自体はすばらしいと感じていても、いざ構築・運営となるとどうも二の足を踏んでいるようにみえる。

　地域金融機関の声を集約するとRAFの導入へのハードルとして、①そもそもの解釈、②事業モデル適合性に対する疑問、③構築・運営の負荷の３つがあげられる。

## 1 そもそもの解釈が難解

　先に述べたとおり、RAFは規制ではない。あくまで経営管理の枠組みの１つであり、手法はどうあれ、地域金融機関においても一定のものはすでに配備されている。このことがかえって、RAFは何を求めているのか、自行庫に何が足りないのか、それを実現するにはどうすればよいのかといった「差分」を理解することをむずかしくしている。バーゼル等金融規制の場合、当局の求める要件が詳細に記されていることが、結果的に自行庫に必要な要件が不足する事態を招来しやすい。テクニカルな解釈はおくとして、自己資本比率規制やIRRBB[6]、流動性規制等々「計数」に着目したものは往々にし

---

6　IRRBBとは「Interest Rate Risk in the Banking Book」の略であり、銀行勘定（Banking Book）における金利リスクに関する規制である。従来のバーゼルⅡにおいても管理の枠組みがあったが、IRRBBによりシナリオの数や複雑さ、また抵触金利の水準が変わる。国内基準行では2019年３月期から導入された。

て実務に適用しやすく、対応の負荷はあっても、何をすべきかは比較的イメージしやすいのではなかろうか。

　しかし、RAFは異なる。拠りどころのFSB文書は、考え方の記述にとどまり、どの程度まで達成できれば当局等の期待を充足できるのか、といったレベル感まで明示されているわけではない。FSBは実効的なRAFの定義として多くの要素を「実効的なリスクアペタイト・フレームワークの諸原則」(2013) であげている。しかし、冒頭の「ａ．金融機関の内部で、RAFによりコミュニケーションをとるプロセスが確立しているべきである。また、外部のステークホルダー（たとえば、株主、預金者、債券投資家など）に対して非機密情報を共有するプロセスも確立しているべきである」という記述１つをとっても、たとえば、「『コミュニケーションをとるプロセス』がどの程度の充実度合いを求めているのか」「『外部のステークホルダー』はどこまで含めればよいのか」など、個別具体的な実務で何をなすべきかを想像することは決して容易ではない。

　ここにRAFの罠がある。銀行はかねて規制に守られてきた業種であり、それゆえ新しいことを考えたり、実現するのがそもそも得意でないと指摘されることがあったが、実際のところ、事務ミスの抑制や法令遵守を過度に意識するあまり、受け身（パッシブ）の姿勢が思考も含め個人・組織に定着している面があるのは否定できない。

　銀行経営者がいつの間にか、パッシブな思考にとらわれるようになった責を、金融行政や、超低金利等のマクロ環境など、外部に帰すことは簡単である。しかし、強いストレスのかかる経営環境は当面続く見通しであることに変わりはない。さらにフィンテック等に象徴される新規参入者や、RPAやデジタリゼーションといったオペレーションの革新によって、地域金融機関の経営は、マクロだけでなく、競合や業務のあり方といったミクロのレベルでも大きく変わろうとしている。最終的な判断は、顧客や、このような環境に直に接する職員、さらには経営層に委ねられようが、銀行役職員が受け身的（パッシブ）な思考パターンや行動原理から脱却し、能動的（アクティブ）

なものへ大きく舵を切る必要が、かつてないほど高まっているのである。

　私たちは、リスク文化やリスク・コミュニケーション等々、金融危機当時から語られてきたややもすると抽象的な言語・コンセプトが、RAFというヒントを得ることで、文字どおり実効性のある経営管理・リスク管理へ昇華される可能性があると考えている。折しも日本の当局は、金融機関との対話・監督姿勢について、「形式・過去・部分」といったチェックリスト的なものから、「実質・未来・全体」と、ホリスティック・フォワードルッキングなものへ転換しようとしている。これは、たとえば、担保や保証を必要以上に重視することにより、結果として、その有無や多寡といった「かたちばかり」に当局・金融機関双方が重点を置きすぎてしまったのではないか、等の反省による[7]。

　もともとRAFは、経営管理等について規制当局と金融機関の共通言語・枠組みにすることを目的に提起されたものであった。当局が変わろうとするなか、それと対峙する地域金融機関も思考をアクティブ（能動的）なものに180度転換する必要がある。

## 2　事業モデル適合性に対する疑問

　RAFに対する地域金融機関の声として次によく聞かれるのが、メガ等大手金融機関を念頭に置いたRAFは、地元・地域を基盤とする地域金融機関にも、適用するのかという疑問である。私たちは、①地元・地域へのインパクト、②特定事業・リスクへの依存度合いの高まりの2点において、逆に地域金融機関こそRAFの導入・その精神にのっとった経営管理・リスク管理

---

7　詳細は監督指針や金融行政方針のほか、「金融モニタリング有識者会議報告書—検査・監督改革の方向と課題—」（https://www.fsa.go.jp/news/28/singi/20170317-3/01.pdf）等も参照されたい。

が必要と考えている。

## (1) 地元・地域へのインパクト

これまでたびたび引用してきた、FSBによる「実効的なリスクアペタイト・フレームワークの諸原則」は、以下の記述から始まっている。

・「監督の強度と実効性を高めて、システム上、重要な金融機関（SIFIs）のモラルハザードを起こさないようにすることが、G20首脳によって承認された金融安定理事会（FSB）のフレームワークの主要な構成要素である」

・「このため、特にSIFIsにおけるリスクマネジメントに対する監督当局の期待水準は高まっている」

これは、金融システムへの影響度合いといった、システミック・リスクの観点にもよる。いまとなっては10年以上もさかのぼることとなるが、世界的金融危機は、過度なデリバティブ事業と過度な証券化商品事業の結果、相対（バイラテラル）、かつ国をまたいだ（クロスボーダー）取引がグローバルで張りめぐらされ、リーマン・ブラザーズの破綻をきっかけに、破綻・デフォルトの連鎖が広がったことにもよる。

しかし、だからといって、グローバル大手金融機関とのビジネスモデルの違いから、地域金融機関にRAFは必要ないと言い切るのははたして正解であろうか。私たちは「否」と考える。すなわち、地元・地域を1つの商圏・市場ととらえた場合、地方銀行は30～40％のシェアを握っているケースが少なくない。さらに昨今の経営統合等を背景に、地元・地域における、特に地方銀行の存在感とシステミック・リスクは高まっている。振り返れば、リーマンショックは、影響が金融市場にとどまらず、実体経済にも甚大かつ連鎖的に波及したことが、危機としての大きな特徴であった。

確かにここ数年は、アベノミクスによる金融環境の安定のほか、バーゼルⅢ等各種金融規制により、リーマンショック以前と比べると、危機に対するセーフティネットは結果としてではあるかもしれないが、拡充されてきた。したがって、銀行自体の破綻だけではなく、たとえば、大口取引先の突発

的・連鎖的デフォルトや、預金の大幅な流出等、銀行バランスシートに悪影響を与える事象顕在化の可能性は従前になく抑制されているともいえる。

しかし、先に述べたとおり、地元・地域における存在感と、その結果としてのシェアから、少なくとも地方銀行は、RAFの要請の1つである「顧客の視点」を取り入れたリスク管理・経営管理を行う必要がある。コンダクト・リスクを含む非財務リスクの多くは、結果として顧客・取引先に損害・負荷を与えるものである。「地域に密着」等、地元・地域をマザーマーケットとアプリオリに考える地域金融機関こそ、以下のようなRAFの要諦を十分に意識した経営管理・リスク管理を行うべきなのである。

・地元・地域へのインパクト・ゼロを至上命題とする
・（リターンとの見合いで）取るべきリスクは取る
・抑制すべきリスクは可能な限り定めた上限を超えない
・ゼロに近づけるべきリスクは可能な限りゼロを目指す／ないしは顕在化時への対応法を明確にする
・組織に落とし込む等

## (2) 特定事業・リスクへの依存度合いの上昇

特にアベノミクス以降加速された超低金利により、地域金融機関にとっての事業のタネは急速に減少している。要となる地元中小企業への貸出事業の拡大期待の剥落により、地域金融機関は、隣県への進出や自治体への貸出、金融商品販売や有価証券運用、さらには相対的に高金利が期待できるアパート・マンションローン等、考えようによっては本業ではない、本業と距離がある事業の拡大に邁進してきた。

しかしながら、管理態勢を伴わぬまま、特定の事業へベットしてしまうことで、たとえば、外債投資での多大な損失や、不適切な金融商品販売、さらには書類改ざんを伴う不正の横行等、リスクが顕在化したのが、まさにここ2、3年ではなかろうか。たしかに地元・地域への密着を存在意義とする以上、地域金融機関は地元エクスポージャーを削減することは選択肢として成

り立ちにくい。

　実際、私たちが地域金融機関の関係者と会話するなかでも、たとえば、「地元産業との取引を無視できない地域金融機関は、リスク対比のリターン（収益・金利）が低くとも一定のエクスポージャーは維持する必要がある」「海外も含め、取るべきリスク・事業を相対的に合理的に選択しやすいメガ等大手金融機関と比べ、地域金融機関にとっての戦略オプションはきわめて限られている」「地元・地域から地域金融機関は「逃げる」ことができない」等、RAFについてそもそものところについて懐疑的な声が一時は目立った。

　しかし、これは厳しい言い方をすると、RAF以前に統合リスク管理が実行できていないことの証左であり、外部環境が厳しくなるからこそ、地域金融機関はRAFにのっとった経営管理・リスク管理を指向すべきなのである。折しも金融庁は、事業性評価等により、担保の多寡や過去の決算書の過度な重視など、先に述べた「形式・過去・部分」の姿勢からの脱却を金融機関にも要請しているように見受けられる。これはある種フロンティア（未開拓地）を耕すことを求めているともいえなくはない。地域金融機関は、選択肢が少ないから、わざわざ少なくなった選択肢に傾斜するのではなく、むしろその選択肢を増やす努力が求められているのではないか。

　地域金融機関は他方で地元・地域への影響の大きさから「顧客本位の業務運営」がより求められる主体と私たちは考えている。これはすなわち、「本業」と距離のある事業を追う必要に迫られながらも、地元中小企業等をはじめとする顧客や、さらには株主等を含むステークホルダーへの配慮を絶えず心がけるといった、ある種ジレンマを地域金融機関へ突き付けることとなる。ストレスのかかった経営環境が続くのであれば、その環境を「腹に落とした」うえで、次の戦略オプションを探りつつも、当該オプションを採用した場合、思わぬリスクが顕在化しないよう態勢を整えることが、地域金融機関の矜持ではないか。その枠組みとして、RAFは触媒（カタリスト）となる可能性がある。

## BOX　RAFでみたメガ等大手と地域金融機関

　RAFの構築は、大手金融機関にて取組みが先行している。これは、FSBの要請が、（少なくとも文書上は、）メガを含むグローバル大手金融機関（SIFI）を想定していたこととも平仄が合う。

　FSBによる「実効的なリスクアペタイト・フレームワークの諸原則（Principles for An Effective Risk Appetite Framework）」が発出されたのは、2013年11月であるが、ほぼ同時期に金融庁の監督方針および金融モニタリング基本指針にリスクアペタイトとRAFの定義がなされ、大手行の検証項目となった。

　本文で述べたとおり、地域金融機関の関係者からは、「海外も含め、取るべきリスク・事業を相対的に合理的に選択しやすいメガ等大手金融機関と比べ、地域金融機関にとっての戦略オプションはきわめて限られている」等、RAFに対して懐疑的な声も聞こえてくる。

　たしかに、メガ等わが国大手金融機関は、海外投融資の拡大や、海外金融機関との提携や買収、さらにはグループ証券会社・運用会社を介したアセットマネジメントビジネスの強化等、事業カバレッジの広さやグローバル・フットプリント、潤沢なリソースにより、選択肢は多い。

　他方、地元・地域を基盤に活動する地域金融機関にとって、こうした戦略オプションは決して現実的なものではない。「地域に密着」を旗印とする地域金融機関にとっては、その起源である「地元」が文字どおりのマザーマーケットであり、そのエクスポージャーを抑制することはあっても、削減することは経営理念からもとりえない選択肢であるからだ。

　ここに「地元リスク」が生じる。すなわち、地元の産業・中小企業とともに栄えてきた地域金融機関にとっては、その歯車が逆転すると、不可逆的に衰退の一途をたどることになるためである。日本では2014年半ばからアベノミクスとともに地域創生の必要性が強く唱えられてきたが、地域金融機関への訪問の際、私たちが目にするのは、もう長い間閉じられたままのシャッターが続く商店街や、櫛の歯が欠けたように更地や駐車場が目立つ商業地域である。

　地域金融機関は、「地域に密着」という公的な側面をもちつつも、株式会社、しかも、その多くが市場から成長を求められる上場企業という私企業としての側面を併せ持つことから、かねてこのジレンマにさらされてきた。

　ときに、「RAFにより、抱える資産・事業のリスク・リターンがわかったところで、地元企業へのエクスポージャーは削減することができない。むしろ、リターンを計測するとリスクに見合わない貸出も多いのではないか」とあきらめに近い声を聞くこともある。

しかし、だからといって、RAFの価値が減じられるわけではない。むしろ、マザーマーケットによらざるをえない地域金融機関にとっては、地域・地元のリスクエクスポージャー、およびリスク・リターンを的確に把握し、適時に経営アクションに反映していくことが、有事の際に地域・地元への損害・負荷を抑えることになる。

　貸出におけるプライシング適正化可能性は、アカデミー（学界）でも議論が分かれる。しかし、少なくともリスク対比でのリターンを明らかにしたうえで、どの程度の差異があるのか、組織として十分に議論を重ね、リターン向上策やリスク低減策を打つ行為こそが、まさにRAFであると私たちは考えている。

# 3　構築・運営の負荷

　地域金融機関にとってのRAFの課題として最後に指摘できるのは、構築・運営の負荷である。地域金融機関の経営管理・リスク管理部門の人員は決して潤沢とは言いがたい。たとえば、リスク統括部・管理部の人員は地銀大手・準大手行でも20名程度であることが少なくない。中堅以下の銀行のなかには、リスクカテゴリー1つにつき担当が1名というところもある。RAFのむずかしいところは、①その運営をリスク管理部門に閉じずに企画や営業、審査や、場合によっては事務・システム部門をも巻き込んで行う必要があること（「横の連携」）、②巻き込んだうえで、経営層の納得をきちんと促すこと（「縦の連携」）、③実効的な運営のためにも営業店（第1線）やリスク管理・コンプライアンス統括部門（第2線）を監視する第3線、すなわち内部監査部門や場合によっては社外取締役の関与が必要となること（「斜めの連携」）である。

## （1） 横の連携

RAFは、取るべきリスクを特定するという意味で、リスク管理部門に閉じてしまわないフレームワークといえる。従来の枠組みである統合リスク管理は、たとえば、余剰資本がこれだけあるから、このリスクカテゴリーにはこれだけ資本（リスク・キャピタル、エコノミック・キャピタル等とも呼ばれる）を配賦するという、いわば資本ありきの仕組みではなかっただろうか（図表4参照）。いわゆる中計等経営計画も各部ボトムアップで積み上げる、ないしは獲得したい収益ありきで事業ラインごとに目標を定めている銀行も少なくないと思われる。

実はここにサイロの罠ともいえる問題が潜む。RAFは収益・資本・リスク等、要素ごとに異なる部署・部門で論じられていたものを、一元的に統合・管理する枠組みとも考えられるが、要素ごとに部署・部門が分かれているため、統合的な理解・コンセンサスが得られにくい。コンダクト・リスクを含む非財務リスクの管理は業界としてまだ緒に就いたばかりである。もし、取るべきリスクを特定のうえ、収益性とともに管理する、経営アクショ

図表4　統合リスク管理における資本配賦のイメージ

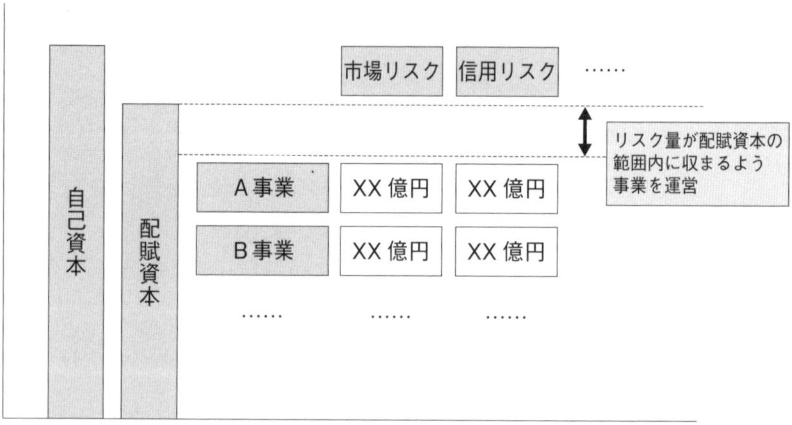

（出所）　NTTデータ経営研究所

ンにつなげる、第3線等含め組織全体としてきちんとPDCAのサイクルを回すといったRAFの要諦が銀行経営に定着していれば、たとえば、外債投資での多大な損失計上や、アパート・マンションローンへの過度な傾斜・書類改ざん等の問題は未然に防げたのではないかと思われる。

RAFの概念が世に出始めた頃は、リスクと名がつくため、リスク管理部門が所管となるケースが多かったように思われるが、最近は企画部門が主導するケースも増えてきたようだ。銀行は往々にして横の連携が苦手な組織である。たとえば、RAFに関するプロジェクトチームを部署・部門横断で編成する、カテゴリーで分かれがちな経営会議を統合的なものにする等、組織・レポーティング態勢面での工夫が待たれている。

## ⑵ 縦の連携

次にむずかしいのが縦の連携、すなわち経営層へのレポーティング、および経営アクションへのつなぎの部分である。私たちがRAFと並行し、やはり昨今関心が高まりつつあるストレステストについても業界調査を行ったところ、最も多い悩みは、リスク管理部門の現場の行った分析・評価についての実効性あるレポーティングに関してであった。

経営層へ報告する経営会議では、洗い出されたリスク事象の蓋然性（確からしさ、起こりやすさ）や、分析結果の妥当性についてからまず喧々諤々の議論が起こり、最も大事な今後の経営アクションの合意に至らないと嘆く関係者も少なくない。なかには現場からの説明のみですませ、次の議題に移ることが多いと答えた銀行もあった。頭取をはじめとする銀行経営層は、預貸のビジネスがキャリアの大半（場合によってはすべて）であるケースも少なくない。「リスク」と名がつくため、市場部門のものと思い込み、理解してもらうのがそもそもむずかしいと指摘する関係者もいる。

RAFの要はそのアプローチ、およびその精神を経営層を含め組織に根付かせることである。

外形的にも文化的にも銀行はピラミッド組織とたとえられがちであるが、

同じ環境に接する経営層と現場の心の距離が開いてしまっては、RAFが掲げるようなダイナミックな経営はとてもおぼつかない。テクノロジーの深化や金融市場のグローバル化により、マーケットの振幅や構造の変化は加速度的に大きなものとなっている。同じものをみて同じように感じる、見解が異なる場合は立場を越えて議論するといった、文字どおり文化が組織内に醸成されない限り、かたちばかりのRAFとなってしまいかねないことを肝に銘じたい。

ところでストレステストは、リスク事象を洗い出すP（Plan）、当該リスク事象が顕在化した際の影響度合いを計測するD（Do）、得られた結果を分析するC（Check）、分析結果を基に次のアクションにつなげるA（Action）の4つに分かれる。

- ・P（Plan）……リスク事象の把握・洗い出しと、入口となるシナリオの策定
- ・D（Do）……当該シナリオが顕在化した場合のインパクトの計測
- ・C（Check）……得られた結果の評価や分析
- ・A（Action）……上記をふまえてのレポーティング、および経営アクションに向けた提言・実践

私たちは、これまでの調査から4つのプロセスのうち、銀行の現場においては計測のD、経営面ではアクションのAにおいて、それぞれ看過できない課題があると考えている。

まずDにおける課題であるが、これは経営管理・リスク管理に関連する業務が非定型的、かつ相対的に複雑なものであることに起因する。営業店の場合、その実務は事務規程等に従えば、結果として標準化される側面がある。他方、経営管理やリスク管理業務は、インプットとなるデータ1つをみても、徴求する部署や受領できるタイミング・頻度が異なり、収集する担当者の負荷は決して軽視できるものではないのが、とりわけリソースの限られる地域金融機関の実態である。

一方、Aにおける課題としては、経営層へ報告する経営会議において、ス

図表5　ストレステスト実施に際しての課題（銀行の声）

---

【Plan（リスク事象の洗い出し・シナリオの策定）】
・「想定すべきリスク事象が多岐・グローバルにわたっており、情報収集・分析が大変」
・「グローバルなリスク事象が把握できても、自社に本当にインパクトがある事象がどれか見出しづらい」

【Do（インパクトの計測）】
・「実施に必要な情報・データは、複数の部署にまたがるうえに、取得できるタイミングや頻度に差異があり、収集自体がまず大変」
・「少ない人員で作業を行っているため、業務が属人化する。ゆえに時間がかかりがち」

【Check（得られた結果の評価や分析）】
・「計測作業自体に時間がかかるため、経営層に報告すべき「考察」に割く時間がない」
・「リスクの振幅や波及は速くなっているため、もっと頻繁にテストを行いたい」

【Action（経営アクションに向けた提言・実践）】
・「せっかく分析や経営層向け資料を作成しても、経営層に思いが伝わらない」
・「担当・言語が異なる者が集まるため、経営会議で本質的な議論ができない」

---

（出所）　NTTデータ経営研究所

トレステストによって洗い出されたリスク事象の蓋然性（確からしさ、起こりやすさ）を説明しても、難解すぎるとして理解してくれないという悩みもよく聞かれた。

## （3）　斜めの連携

　最後が斜めの連携である。これは、いわゆる第3線、すなわち内部監査部門の関与を意図するものである。ストレステストのプロセスをPDCAになぞらえたが、これはRAFを含む経営管理・リスク管理にも当てはまる。たとえば、このリスクを取る・当該リスクをここまでは許容するといった「取る」判断や、一方のリスクを抑える・削減するといった「減じる」判断は、まさにP（Plan）といえよう。

図表6　日本銀行の考えるRAF運営のイメージ

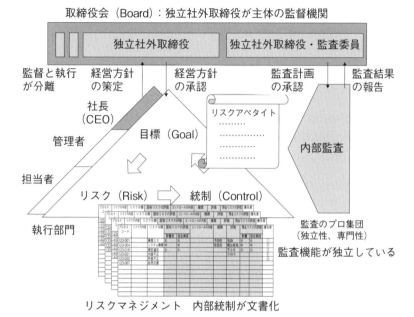

（出所）　日本銀行「ガバナンス改革とリスクアペタイト・フレームワーク」（2019年3月）

　金融機関に限らないかもしれないが、中計等経営計画の多くは収益が先に立ち、リスクは収益の不確実性、管理すべき対象として収益の下手に位置づけられがちであった。しかし、RAFはP主導のプロセスを、DやCの牽制機能を強化することで、等しい立場・発言力をもって議論・アクションにつなげる「効用」が期待される。企画（P）と、統制（特にC）が車の両輪としてきちんと回っていることが、RAFについて内部監査部門が検証する項目の1つとなるのではなかろうか。内部監査の実効性確保・強化は当局においても問題意識が高まっているように見受けられる[8]。経営アクション（A）へのつながりは次の観点としてみるべきものであろうが、アクセルを踏む収益部門と、ブレーキを踏むリスク管理部門が対となって動くことがRAFにおいてはまず期待される。社外取締役等、銀行ガバナンス全体でRAFを共

通言語にできれば、まさにFSBの考えた実効性のあるRAFに近づくものと考える（図表6）。

　次章では、地域金融機関の実情に即したRAFとして「モディファイドRAF」の考え方を示すとともに、より実装を意識した論点・想定されるソリューションについて詳説したい。

---

8　金融庁は2019年、「金融機関の内部監査の高度化に向けた現状と課題」と題した協議文書を公表した（https://www.fsa.go.jp/news/30/naibukannsa_report5.pdf）。「内部監査部門が、リスクベースかつフォワードルッキングな観点から、組織活動の有効性等についての客観的・独立的な保証（アシュアランス1）、助言（アドバイス）、見識を提供することにより、組織体の価値を高め、保全するという内部監査の使命2を適切に果たすことが必要であり、急激な環境の変化に応じて、内部監査を高度化していくことが求められている」としたうえで、リスクベース、フォワードルッキング型の監査となるよう期待している旨が、業態別に観測される課題や好取組み事例とともに述べられている。

# 第3章

## モディファイドRAFの
## 構築

本章では、第２章であげた課題、すなわち、解釈、事業モデルへの適合、オペレーション（構築・運営）の３つについて、私たちのアプローチを述べる。

　本書の目的の１つに、「リソースに制約のある地域金融機関が、RAFを自律的に運営できるようにする」というものがある。地域金融機関は、RAFの所管部をどこに置くかにかかわらず、①相対的に少ない人員で、②他部署・経営層を巻き込みつつ、③自行庫の戦略と整合するよう効果的にRAFを運営する必要がある。

　戦略とRAFの整合については後に述べるが、計画された事業戦略についてRAFの観点から点検するプロセスもあれば、RAFを起点に事業戦略を（再）構築するプロセスも想定される。戦略とRAFの両者は整合させる必要があるという点で、高頻度でのフィードバックを要し、結果として部署間・部門間の密な連携が不可欠となる。前章で、縦・横・斜めの連携と述べたが、共通の言語・理解をもたない限り、業務・利害の異なる関係者のコンセンサスを得るのは、きわめて困難なものとなる。

　本章ではまず、地域金融機関を取り巻くリスクをあらためて考えることとする。

# 1　再考　地域金融機関を取り巻くリスク

　超低金利環境の継続により、伝統的な預貸のビジネスで銀行が収益をあげ続けるのは、もはや困難となってきている。金利の絶対水準が限界的なところまで低下するなか、信用リスクを取るにしてもリスクに見合うだけの収益を得るのが決して容易なものではなくなっているのが、現下の環境である。

　先に述べたとおり、地域金融機関は地元・地域と苦楽をともにする存在である。金融仲介という事業を通し、地元・地域を潤すことが地域金融機関の

使命といえるが、従来の発想では右肩上がりの成長シナリオが描きにくくなっているのが実情ではないだろうか。

　たとえば、創業支援や事業承継といった企業のライフサイクルに即した金融・非金融のサービスや、いわゆる事業性評価は、すでに銀行に蓄積された情報に、新たに取得が期待される情報を加えることで、これまで対応できなかった企業や資金ニーズに応えるものとも解釈できる。だが、その一方で、これまで許容していた以上のリスクを取ることで、結果として、想定以上の信用リスクを取ってしまう事態も生じうる。事業を縦に展開するか（バーティカル）、横に展開するか（ホライゾンタル）は、各行個社別セグメント別に取れるリスクがいくらかの想定はしていると考えるが、1つの取引先、ないしはセグメントを「深耕」する場合、戦略としては縦の展開、すなわち、同じ取引先・セグメントについて、リスクを追加的に取ることを意味する

図表7　縦・横の視点でみたリスクテイクのイメージ

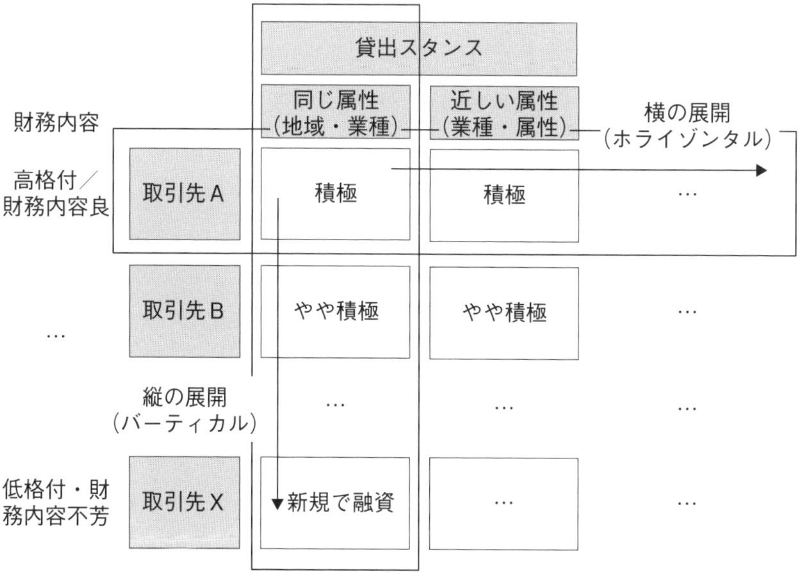

（出所）　NTTデータ経営研究所

（図表7参照）。

　あくまでリスク管理からの見方であるが、従来の手法では取りえなかったエクスポージャーを取る以上、相応の管理態勢は整備する必要がある。相対的に分散が効くとされる個人向け融資についても同じようなことがいえる。投資用不動産向け融資の焦付きから赤字に転落した地銀のケースは、信用リスクの分散の失敗というよりは、審査書類の改ざん等を含む組織的な不正が根本にあったが、結果としての巨額引当金の計上自体は信用リスク管理の拙さに起因しているといってよい。銀行業務の裏には、リターンを得るために取る市場リスクや信用リスクといった数値等でみえる・捕捉できるリスク（財務リスク）と、投融資の意思決定や、それを支えるオペレーションに潜むリスク等、数値では捕捉や計測が容易ではないリスクがある。このうち後者は「非財務リスク」として、金融機関においてその管理・計測手法の確立が急ピッチで模索され始めている。

　非財務リスクは、以下のような点で、管理のむずかしさが指摘されている。

　(1)　計測手法が確立されていない

　(2)　カテゴリーが多岐にわたる

　(3)　管理負荷が高い

　(4)　財務リスクに波及する場合がある

　まず(1)であるが、これは、数値等で捕捉できない／しにくいがゆえの構造的なものである。すなわち、リスク指標はその多くが数値で計算・計測されるものであるが、非財務リスクの場合には、基となる数値（インプット）がないため、これをどう定義するかから、まずは自分で考える必要がある。非財務リスクのなかでもオペレーショナルリスクは計測手法が確立されてきたという点で、財務リスクに近いともいえるが、たとえば、サイバーや、最近注目され始めたコンダクト・リスクについては、インプットの定義やリスク量の測り方自体がまだ確立されていない。

　(2)は「非」財務となるがゆえの宿命ともいえるが、「財務でない」となる

ため、論理的には非財務リスクの種類は無限大となる。これをみるべきリスクが増えたと考えるか、もともとみるべきであったリスクに「名前」がついただけと考えるかは、リスク・マネージャーの見方次第であるが、いま何のリスクに注目すべきか、継続的に注目すべきリスクがあるならばその管理手法はどのようなものだろうか等について考えをめぐらすことは決して無駄なものではない。

(3)は(1)(2)とも通ずるが、管理手法が確立されていないために、たとえ自ら考えたとしても、運営含め組織に根付かせるにはかなりの負荷がかかることを意味する。詳細は第4章で述べるが、非財務リスクの多くは、部署・部門横断で管理する必要があるため、その負荷は大きい。

(4)は、あくまでもシミュレーションの話かもしれないが、理屈上、「ミスコンダクトの発生（コンダクト・リスク）→レピュテーショナルリスクの顕在化（銀行評判の悪化）→信用不安による預金の流出・市場調達の困難（流動性リスク）」というパスをたどり、財務リスク等を含め他のカテゴリーに連鎖・波及する可能性がある。大手金融機関でも財務・非財務の一体管理の検討は緒に就いたばかりではあるが、地域金融機関にとっても将来検討が求められる領域と私たちは考えている。

非財務リスクの特徴は、顕在化した場合の損失・損害が青天井となる可能性があることである。市場リスクや信用リスクは取ることが銀行の収益につながるものであるが、非財務リスクはそもそも取るべきでないこと、取った場合は可能な限りゼロに抑制することが求められる。コストの観点から自行にとっての最適点を見出す必要はあるが、RAFにおいては、市場・信用といった財務リスクだけでなく、ここで述べた非財務リスクもあわせて体系的に管理していくことが、金融機関においては今後求められると考える。

# 2 モディファイドRAFの構築

　以降では、第2章で解説した、①解釈、②事業モデルへの適合性、③構築・運営の負荷の3つについて、私たちの考えるモディファイドRAFのアプローチを述べる。

## (1) 解　釈

　第2章では、RAFのむずかしさとして、まず「そもそもの解釈」が難解である問題について述べた。これは、起点ともなったFSB文書自体が、SIFIs等グローバル大手金融機関を想定しているように読めたことにもよる。しかし、地元・地域を1つの市場とみた場合、取引シェア・預貸金シェアから地域銀行が「システミック」な存在であることは変わらない。地方銀行では地元・地域の預金・貸出金のシェアが30～40％というところも少なくないのではないだろうか。

　私たちは、逆に地域金融機関こそRAFにのっとった経営管理・リスク管理を行うべきとの立場をとる。地元・地域といったマザーマーケット（母国市場）での預金・貸出金から推定できるシェアに照らすと、地域銀行は当地においてまさにシステミックな存在である。リソースに制約があるなかで、効率的・効果的にRAFを構築・運営することは、地域金融機関に対して決して軽くはない問いを突き付けることになるが、地域金融機関に適したRAFの模索には、行為として大きな意味がある。

## (2) 事業モデルへの適合

　先に銀行を取り巻くリスクには、数値で測れる「財務リスク」と、これができない／しにくい「非財務リスク」があると述べた。RAFの要は自社の戦略・事業と、背後に潜むリスクを整合的に紐付けることと私たちは考え

## 図表8 商品別にみたリスク可視化のイメージ（貸出の場合）

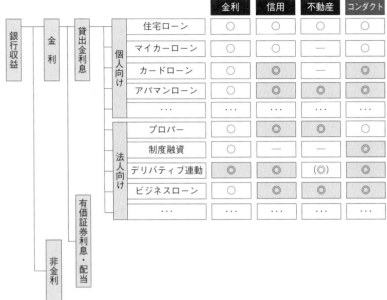

（出所） NTTデータ経営研究所

る。

　図表8は、収益を起点とした場合のリスクがどの顧客向けのどの商品に内在するのか、可視化を図ったものである。たとえば、貸出金利息のうちカードローンは、寄与度自体は小さくとも収益性（金利水準）が高いため、他の商品と比べた場合、銀行は積極的にカードローンを販売したい誘因にかられるかもしれない。

　カードローンの1つ1つは小口であり、かつ分散しているため、信用リスクは全体としてあまり増分が観測されないかもしれないが、KPI（業績評価指標）の設定の仕方次第では、行きすぎた貸込みや無用な口座開設がなされる可能性（ミスコンダクト）がある。

　法人向け制度融資も同じことがいえる。保証協会等による保証がつけば、銀行が負う信用リスク自体は抑制されるかもしれないが、それに甘んじると

ミスコンダクトの温床が内部に蓄積してしまうのは、昨今の本邦金融機関の不祥事案をみれば、明らかである。

　超低金利環境の継続、それに伴う信用スプレッドの過度ともいえる極端な圧縮により、銀行にとっての収益源は日に日に先細りとなっている。顧客本位の業務運営がより求められる地域金融機関においては、自社が抱えるリスクを、まずはセグメント別・商品別で、コンダクト等を含む非財務の領域まで可視化・共有することが、実効性ある事業戦略策定の第一歩となるのではないだろうか。

　なお、RAFはリスク量や計数といった数値にとどまるものではない。事業戦略等との整合については先に述べたとおりであるが、人材や拠点といった組織戦略にも波及しうる。ここでは、東京拠点を題材にその関係性を確認してみよう。

　近年の超低金利環境をうけ、地域金融機関の隣県進出は加速している。多くは、進出先の地公体や優良企業との取引拡大が目的であろうが、都市圏への進出も目立っている。

　地域金融機関の都市圏店舗、なかでも東京拠点には2つの意味があると私たちは考えている。1つは当地での貸出事業機会の獲得である。地域金融機関、それも工場等がない県の地域金融機関にとって上場企業等大手企業への貸出は、かつては高嶺の花であったが、最近では、東京圏の企業向けを中心に、貸出機会は増しているように見受けられる。

　もう1つは情報収集である。これは有価証券運用においてより重要である。近年の超低金利環境を受け、地域金融機関のファンド投資や仕組み商品への投資は拡大している。その際に必要となる優れたファンド・マネージャーや新規商品・運用手法に関する情報は、引き続き都市圏のほうが取得しやすい。「足で稼ぐ」情報ともいえよう。

　これまでも地域金融機関の有価証券運用は、クレジットサイクルごとに縮小・撤退を余儀なくされてきた。組織・ノウハウの断絶が持続可能的な運用を困難にしていると私たちは考えるが、近年、あらためて情報収集拠点とし

ての東京を強化しようとする動きが地域金融機関においても活発化している
もようである。

たとえば、ある大手地方銀行では情報収集だけでなく、ファンドやクレ
ジット、仕組み商品等、「目利き」を要する運用部隊を複数配置したり、別
の中堅行では一度撤退した東京での運用を復活させたりもしている。

実は、こうした拠点戦略もRAFの1つといえる。特定の商品やセグメン
ト、エクスポージャーを積極的に取ろうとすると、拠点や人員の強化等、場
合によっては「非連続」な施策が求められる。

あくまでリスクを取るという意思決定に裏打ちされたことが必要であろう
が、経営判断とリスク、人員や拠点等を紐付けることで、はじめて「実効性
ある」RAFとなる。

### (3)　機構・運営の負荷

機構・運営の負荷については、大胆な提言を行いたい。すなわち、複数の
地域金融機関がプロセスを共通化・共同化することにより、個社での対応に
負荷のかかるRAFの構築・運営を効率化できないかという提言である。地
域金融機関は、横のつながりが強い。これは地域金融機関間で商圏が重なら
ないために、情報交換によって利害が衝突するような事態は起こりにくいか
らである。RAFに関するプロセスのうち、ストレステストを題材に地域金
融機関による共通化・共同化の可能性を以下で論じる。

### ①　データ

ストレステストの入口はインプットするデータの収集である。個社の内部
データとなる信用リスクに関するものは共有のインセンティブが働きにくい
が、市場リスクに関するマーケット・データや、銘柄属性に関するデータ
（リファレンスデータ）は、共有する動機が起きやすい。海外で広く知られる
のは、コーポレート・アクションである。コーポレート・アクションとは、
企業の有価証券に影響を及ぼす財務活動上の意思決定等と定義され、具体的
には増資や株式の分割、配当の増減等を指す。これらは正確なパフォーマン

ス評価が求められる運用会社等で、精緻化・正確化が求められており、こうしたニーズを見越してグローバル情報ベンダーが一手にデータ提供を行うことも多い。

　近年、大手金融機関では、データガバナンス等、データ管理の高度化に向けた取組みが加速し、データ管理のための専門部署を設ける金融機関も出てきている。地域金融機関においても将来データ管理の態勢の高度化が求められる可能性がある。

　ストレステストの入口はデータ収集である。ファンドや海外投資等、投資する商品や市場が拡大・多様化すればするほど、取得すべきデータの幅は増す。ここに貸出先の明細や内部の格付情報等を加わると、取得すべきデータは、それを保有する部署でみても多岐にわたることとなる。市場部門が保有する商品のなかでも、日本株や国債は流動性が高く、値洗いの頻度も高い。採用すべき時価の基準・ソースも定まっており、データ（時価情報）の取得は容易といえる。一方、証券化商品や一部ファンド等流動性の低い商品は、結果として時価算出の頻度も低く、そのデータ提供にラグがあることが多い。プライベート・エクイティやファンド・オブ・ヘッジファンズのなかには時価の提供が1カ月遅れとなる商品もあるようだ。

　ここに、貸出等信用リスクに関するデータまで取得するとなると、現場担当者の負荷はさらに増すこととなる。貸出先の明細や内部の格付情報は審査部や、同じリスク管理部門の信用リスク所管部署が保有しているが、データの締めのタイミングや提供時期のずれ等から、市場・信用といった、さまざまなリスクカテゴリーに横串を刺すかたちでのストレステストの実施は決して容易なものではない。

　マクロストレステストを例にみてみよう。マクロストレステストとは、たとえば、「株式市場が○％下落した場合、GDPが△％低下、結果として自行（地元）の取引先の業績・信用力は□□だけ悪化し、自行のB/S・P/Lの◇◇の影響を被る」等、金融市場と実体経済、自行の財務を統合的に紐付けたうえで、その結果を検証するものであるが、マクロストレステストを実施する

には、広範なデータセットの整備とともに、各指標・数値の相関・関係性等をモデル化する必要がある等、相応の態勢が求められる。実際、計測の負荷や広範な商品・資産に関するデータ取得のむずかしさ等を背景に、取組みが進む銀行でも、マクロストレステストについては、年に1回・2回等限られた頻度でしか行えないとするところもある。このようにマクロストレステストの実施まではハードルが高いが、ストレステスト自体は昨今求められるフォワード・ルッキングな観点を取り入れているという点で、RAFとの親和性が高い。

　なお、利用するシステム／パッケージが増加しているのであれば、システム管理・委託先管理の観点も考慮する必要があるかもしれない。取得するデータの優先度としては、信用リスクに係るデータよりもまずは相対的に取得容易性が高いマーケット・データからとなろうが、適時適切なストレステストをある程度の頻度で実施するためには、まず入口のデータ取得態勢を盤石なものに整えておく必要がある。

　もっとも、データ整備において最もむずかしいのは、リターン（収益）に関するものかもしれない。

　RAFの要諦の1つは、リスクアペタイトを定め、（許容度（リスクキャパシティ）の範囲内で、）これを「取る」ことである。しかし、リスクを取るにはリターン（収益）の予測も不可欠である。収益というと、純利益等会計上の数値を想起するかもしれないが、RAFを運営するには、リスク対比のリターン（収益）の視点が不可欠である。ここでは、代表的な指標として、RORA、RAROCの2つを取り上げる。

　まずRORAであるが、これはReturn on Risk-weighted Assetsの略であり、金融機関が取っているリスクに対して収益をどれだけあげたのかを示す指標とされる。たとえば、三菱UFJフィナンシャル・グループは、「当期純利益をリスクアセットで割った数値を内部管理に使用しているとしている（同社ホームページより）。会計上の利益・収益にとどまらず、それが「リスク対比」でどれだけ儲かったか確認できる点で、個々の事業や資産の収益性を検証す

ることができる。

　次にRAROCであるが、これはRisk Adjusted Return on Capitalの略であり、配分された資本に対してリスク修正後の収益がどれだけあがったのか示す指標である。いずれも分子であれ分母であれ、リスクの概念を取り入れているところが、純利益等会計上の利益と異なる。

　翻って地域金融機関にとってむずかしいのは、貸出も含む銀行保有資産を、たとえば、商品別や顧客別、業種別や地域別等、複数の切り口によってリスク・リターンを分析する機能の実装ではないだろうか。一部システムでは装備されているとも聞くが、多様な軸で分析を行うには、明細レベルでリスクとリターンに関する情報が紐付いている必要がある。データ取得のラグ等を考えると、適時的確な分析・評価は決して容易ではないことが推察される。

　しかし、リターン（収益）の見立て・合理性を伴わないリスクテイクは結果として低採算な事業の拡大や資本の非効率な運用となりかねないことは強く肝に銘じておく必要がある。手段と目的を逆転させてはいけないが、客観的なデータを用いて、リスク・リターンを意識した事業運営を着実に行うことが効果的なRAFの要と考える。

　ちなみに、共同化・共通化の観点からは、たとえば、個別性の強いデリバティブや仕組み商品、詳細な情報を得るのに負荷がかかりがちなファンドなどが、各地域金融機関において共有のインセンティブが実感しやすいだろう。これら商品では、現在でも時価や明細の情報をFAXやメールにかえてExcel等のファイルで受領するケースも少なくない。ファンド等では、保有銘柄の情報からリスクアセット値を提供するサービスも一部あるが、こと、私募ファンド等個別性の強い商品では各行が明細データの提供を運用会社等プロバイダに働きかけることで、業界全体でみた場合のデータ収集や整備・クレンジングにかかる負荷は大きく軽減するだろう。費用対効果が見込みにくいデータについては、匿名性の確保等スキームも含め共有可能性を検討すべきと考える。

## ②　計　　測

　ストレステスト実施に際して、必要となるデータの収集の後、次に想定されるのは計測（先に述べたPDCAの「Ｄ」）である。金融市場の変化が自社へ及ぼす影響といったモデルに関するものは、各行でノウハウが異なるため、共有のインセンティブが働きにくいが、VaRといった簡便なものについては、モジュールとして外部化できる可能性が大きい。昨今話題となっている期待ショートフォールや、IRRBB（銀行勘定の金利リスク）の計算もその１つとなるかもしれない。たとえば、IRRBBでは複数のシナリオを走らせる必要があること等が担当者にとって負荷となっているという。従来こうしたリスク指標はパッケージ等により各行個別で計算していたが、マスキング等一定の工夫を施したうえで、ポジション情報を拠出する仕組みを業界で構築できれば、複雑な規制数値の計算も一気に簡略化できるのではないか。先に述べたデータの項とも重なるが、「作業」の負荷を可能な限り抑制することが、特に人員・リソースの限られる地域金融機関においては重要と考える。筆者の在籍したITベンダーでは共同化を軸に、参加者の業務負荷を大きく軽減する業界ソリューションを構築していた。情報拠出の仕組みについては検討の必要があるが、リスク指標計算についても機能を外部化できる可能性がある。

　なお、個社で業務の独自性があるものについては、RPA（ロボティック・プロセス・オートメーション）を用いた自動化も検討に値する。複数の部署から担当者はデータを収集するため、広範な商品・資産をとらえたストレステストを適時的確に行うには多大な負荷がかかる。一連の業務のうち、データの転記等、定型的な作業については、RPAにより効率化できる可能性がある。一部の大手地方銀行では、RPAの試行導入が始まっている。RPAの活用はパフォーマンスの計測や報告帳票が相対的に標準化された資産運用業界で先行している面がある。リスク管理・経営管理業務は、規程等により定型化された営業店業務等と比べると、自動化がむずかしいとの指摘もあるが、各行業務を丁寧に洗い出したうえで、共通するプロセス・作業は共通化・標

準化を図りつつ、個別性の高い業務についてはRPAの活用を検討すること自体は、程度の差こそあれ、一定の合理性を有する。

　繰り返しになるが、リスク・マネージャーの本分は、データの収集や指標の算出といった作業ではない。その後の評価・判断にその能力・時間を可能な限り投入すべきであり、それこそが機動性を要するともいえるRAFの運営にとって肝要である。リスク指標の計算にせよ、RPAの活用にせよ、各行で業務を洗い出したうえで、参加金融機関が集まり、共同化に向けたボトルネックや効率化できる領域を特定し、解決策を検討していくこと、横の連携が強い地域金融機関ならではの選択肢といえよう。

③　レポーティング

　レポーティングは、当局報告など相対的に提出すべき情報や帳票テンプレートが均一化されている業務であり、共同化になじみやすい。地域金融機関担当者と会話していると、似たような指標やデータ・情報の報告を複数先（当局、業界団体等）から求められるとの声がしばしばある。ALM委員会資料といった内部資料は共有しにくいだろうが、当局報告等、定型的な対外報告については、たとえば必要と想定されるデータ・情報を統合的なDBに格納しておくことで、データの品質・整合性を保ちつつ、効率的にレポーティングを行うことが可能となる。

　地域金融機関の人員・リソースの制約に鑑みると、作成業務自体を外部化するという方法も検討の余地がある。「ユーティリティ」とも呼ばれるこれらの業務のアウトソーシングは、グローバル大手金融機関において活用が進んでいる。

　たとえば、デリバティブ取引については、担保管理やメッセージング、レポーティング等、それまで金融機関内部でもっぱら行われていた業務が、取引所や金融市場インフラグループの提供するサービスに取って代わられるようになっている。デリバティブ取引については、国をまたいだ取引が相対で複雑に絡み合ったことが金融危機の遠因の１つとなったともされる。その反省から価格の透明化や担保授受の厳格化、取引の報告等、大きな規制強化が

行われた。このこともあって、デリバティブ取引に関するレポーティング業務にかかる負担はますます重くなる傾向にある。しかし、外部プロバイダーが業界横断で提供するサービスを用いることでその負荷は一気に軽減する。サービスを利用する機関が増加すれば、ネットワーク効果も拡大し、その負荷は業界全体としても加速度的に低下することとなる。

　こうした機能・業務の「外部化」は、KYC（Know Your Customer）に関する情報を共有するプラットフォームの確立や、モデルに落としにくいデータを拠出し合う動き等でも確認できる。人員・リソースに制約のある地域金融機関ですべての規制・リスク管理に同じ品質・水準で対応するのは決して容易なことではない。現業であるリスク管理業務を行いながら、規程整備や当局対応、業務フローの改訂や計算ツールの作成等の対応を数名の行員で行うことも少なくなく、「コンプラ疲れ」と揶揄されることも珍しくなくなった。それだからこそ、なおさら地域金融機関においては、人員・リソースの制約を嘆くばかりでなく、横連携という業界の強みを生かし、個社レベルでは費用対効果が期待しにくい業務については共同化等により、コストを一気に削減することを考えたい。

# 第4章

## 非財務リスクへの対応

前章まで、①解釈、②事業モデルへの適合性、③オペレーションの3つについて、私たちの考えるモディファイドRAFのアプローチについて、試論もまじえて述べてきた。実は、③オペレーションは、データが「ある」ことを前提に論じてきたことを読者は気づかれただろうか。コンダクト・リスク等「非財務」リスクは定量化や計測・管理手法の構築が大手金融機関をはじめ模索されている。

　本章では非財務リスクの特徴をあらためて概観した後、いくつかの代表的な非財務リスクについて、現下の管理アプローチ、さらにはRAFとの関係性について説明する。私たちは市場や信用といった財務リスクにとどまらず、定量化や計測・管理がむずかしい非財務リスクもRAFに取り入れるべきと考えている。組織運営もふまえた管理のあり方にも触れるが、現下の管理手法の確立が模索される非財務リスクも含めた点で、本書は類書にない独自性を有すと自負している。

## 1　非財務リスクの分類

　金融庁は近年、金融ビジネスにおけるコンダクト・リスクなど非財務リスクへの関心を強めており、金融機関も対応を迫られている。他方で、こうした「定量的に捕捉しにくい」リスクは、管理手法や定量的捕捉の仕組みを構築するのが容易ではなく、金融機関共通の悩みのタネになっている。

　いわゆる非財務リスクとは、金融機関を取り巻く、財務リスク以外のあらゆるリスクをカバーするため、その範囲はきわめて広い。FISC（公益財団法人金融情報システムセンター）では、非財務リスクをさらに、「内部起因のリスク」と「外部起因のリスク」に分類している（図表9参照）。そして、この分類に則していえば、最近の金融庁のモニタリングでは「内部起因のリスク」、とりわけ、「内部犯罪」の可能性をはじめ「組織そのもの」や「職員」

**図表9　非財務リスクの分類例**

| 分　類 | | リスクの内容 |
|---|---|---|
| 内部起因のリスク | システム故障 | ソフトウェア・ハードウェア・ネットワークの不具合・故障 |
| | 過　失 | オペレーションミス、リリースミス |
| | 内部犯罪 | 情報機器等の破壊 |
| | その他 | 労働争議、ストライキ、集団離職 |
| 外部起因のリスク | 広域的 | 自然災害（地震、津波・高潮、雪害、風水害、火山噴火） |
| | | 感染症、食中毒 |
| | 局所的 | 自然災害（落雷、竜巻） |
| | | 火災等の突発的な事故 |
| | 故　障 | 社会インフラの遮断等（電力供給遮断、通信回線遮断） |
| | | 外部機関の罹災に伴うシステム障害 |
| | 犯　罪 | テロ（爆弾、ガス等） |
| | | 不正アクセス、サイバーテロ、コンピュータウイルス等 |

（出所）　FISC資料を参考にNTTデータ経営研究所作成

に起因するリスクに関する指摘が増えているようだ。

　たとえば、完全に外部ネットワークから切り離された情報システムについて、金融機関が「外部チャネルから離隔しているので問題なし」と当局に説明したとたん、「それは内部犯行リスクの可能性を矮小化してとらえていませんか」と、次の矢が飛んでくるといった"対話"からうかがい知ることができる。

　内部起因のリスクとしては、ITシステムのソフトウェアやハードウェア、ネットワーク等の不具合による「システム故障」、オペレーションミス等の「過失」、情報機器の意図的な破壊等の「内部犯罪」等に分類される。近年進展をみせている金融機関のシステム統合に係るリスクや、業務運営・システム開発等の委託先や取引先に起因するサードパーティ・リスクについても、

内部起因のリスクに含められるだろう。

　一方、外部起因のリスクとしては、自然災害に起因するものとして、近年多発している地震や台風等のリスクがあげられる。また、こうした自然災害に起因するリスクの評価やリスク低減策の検討においては、「広域的」「局所的」のように影響範囲で分類する考え方が一般的である。これは、たとえば広域に支店網や顧客基盤が分散する金融機関にとっては、特定の地域や店舗のみに影響を及ぼすレベルの災害と、全国規模で影響を及ぼす災害ではまったく異なる態勢の構築が必要となるためである。また、「広域的」に分類される自然災害のなかでも、たとえば「地震」と「感染症」は、外形上は同じ分類（外部要因で広域的な影響が生じうる自然災害）であるが、対応内容や顧客への影響が異なる場合には、別種のリスクとして整理しておく必要がある。この点は、特にコンティンジェンシープランの策定（詳しくは65ページ参照）において重要な視点となる。

　その他の外部要因のリスクとしては、外部機関による過失や天災その他の不可抗力による社会インフラ（電力供給や通信回線等）の遮断等がもたらすシステム障害等の「故障」、ならびに悪意をもった第三者による物理的なテロ（爆弾、ガス等）、不正アクセス・サイバー攻撃等の「犯罪」に分類される。

　本章では以下、非財務リスクのうち、主要なリスクとして(1)システムリスク、(2)マネー・ローンダリングおよびテロ資金供与のリスク、(3)事務リスクを取り上げ、それぞれの定義や求められる対応態勢について紹介する。なお、これらのリスクについてはここ数年の間に議論が深まり、当局や関係団体からリスク評価ならびに管理手法について具体的な指針が示されている。したがって金融機関においては、まずはこうした指針を遵守して対策を講じ、次に各担当部署はそれぞれのリスクに応じた評価および管理手法の考え方を確立したうえで、広く全社的に議論・共有化し、RAFの枠組みに取り込んでいく必要がある。

　さらに(4)新たなリスク分類・リスク管理の視点では、近年当局が関心を強

めているサードパーティ・リスクおよび、コンダクト・リスクについて紹介するとともに、金融機関が対応態勢を検討・整備し、RAFの枠組みに組み込んでいく第一歩として着眼すべき視点を述べる。これらのリスクは、(1)〜(3)のリスクと異なり、一般的に体系化されたリスク評価や管理手法の枠組みは存在しないが、今後、国際的な議論や事例の蓄積を通じて精緻化されていくことが予想される。

## 2 主要な非財務リスクへの対応

### (1) システムリスク

#### ① リスクの定義

金融庁「中小・地域金融機関向けの総合的な監督指針」（以下、「金融庁監督指針」）は、システムリスクについて、次のように定義している。

> 「システムリスクとはコンピュータシステムのダウン又は誤作動等のシステムの不備等に伴い、顧客や銀行が損失を被るリスクやコンピュータが不正に使用されることにより顧客や銀行が損失を被るリスクをいうが、銀行の経営再編に伴うシステム統合や新商品・サービスの拡大等に伴い、銀行の情報システムは一段と高度化・複雑化し、さらにコンピュータのネットワーク化の拡大に伴い、重要情報に対する不正なアクセス、漏えい等のリスクが大きくなっている。システムが安全かつ安定的に稼動することは決済システム及び銀行に対する信頼性を確保するための大前提であり、システムリスク管理態勢の充実強化は極めて重要である」

システムリスクのうち内部要因に起因するものとしては、たとえばソフトウェアやハードウェア、ネットワークの不具合・故障などシステム故障のほ

か、従業員のオペレーションミスをはじめとする過失、情報機器等の意図的な破壊など内部犯罪等があげられる。一方、外部要因に起因するものとしては、悪意をもった犯罪集団等によるサイバー攻撃や電力供給や通信回線等の社会インフラの遮断による等も含まれる。

　また昨今では、銀行の経営再編に伴うシステム統合や新商品・サービスの拡大等に伴う、システムの開発・運用上の瑕疵による機能停止、そしてもとより情報漏洩等をここに含めるリスクとして整理しておく必要がある。

　以下、金融庁監督指針のフレームをベースに、システムリスクへの対応として求められるリスクマネジメント手法の概要を解説する。

## ② 経営層の認識

　非財務リスクの全般にいえることであるが、リスク低減措置や管理体制強化への投資の効果は、短期間ではみえにくい。一般に、企業における投資判断では、規制対応やトップダウン案件を除き、投資コストと回収見込みを天秤にかけ、ボトムアップによって多様な組織間の調整を経て意思決定することが多い。ところが、非財務リスクへの対応においては、こうした方法はそぐわない。ボトムアップのアプローチでは、経営への判断を仰ぐ段階に行き着くまでに、投資対効果の視点やその他案件との近視眼的な重要度の比較から、案件自体が消滅してしまいがちだからだ。

　金融庁監督指針においても、システムリスクに対する代表取締役等の認識を問う着眼点が定義されている。ポイントとしては、「代表取締役は、シス

図表10　サイバーセキュリティ対策に関する経営陣の関与

| 事前対応 | | 事後対応 | |
|---|---|---|---|
| ✓インシデントが金融機関に与える影響度合いの評価活動への関与 | ✓対応態勢や手順検討、規程類整備に際しての経営陣の関与 | ✓インシデント発生時における経営陣への情報エスカレーションルートの確立 | ✓インシデント後の改善活動への関与 |

（出所）　NTTデータ経営研究所作成

テム障害やサイバーセキュリティ事案の未然防止と発生時の迅速な復旧対応について、経営上の重大な課題と認識し、態勢を整備しているか」、すなわち代表取締役・代表理事自身にミッションを課していることがあげられる。金融機関がシステムリスクに対応していくうえで、何よりもまず「経営トップの認識や行動における変革」を促したい金融庁の強い意思がうかがえる。

　また、現場レベルでも、対応態勢を構築して事後的に経営陣に報告するのではなく、事前の準備段階や各種規程類の整備に際しても「経営陣の判断」を仰がなければならない。インシデント発生時においても、報告ラインの早い段階で経営陣を含めることは当然必要となる。図表10はサイバーセキュリティを念頭に、経営陣の関与について、事前対応と事後対応に分けて定義したものである。有事を見越して、こうした整理を従前に行い、経営陣と現場の従業員の認識目線をそろえておくことが重要である。

③　リスク管理態勢

　システムリスク管理態勢の構築は、方針・計画の策定および周知徹底、組織体制の強化といった「態勢整備」と、想定されるリスクの大きさや必要な管理態勢の強度を捕捉する「客観的な尺度の定義」「PDCAサイクルの組込み」に大別される。

　このうち、とりわけ「PDCAサイクルの組込み」に課題を有している金融機関が多いと考えられる。ポリシーや対策規程等は一度作成したらそれで終わりではなく、新たなリスク事象の発生や自社の事業戦略、提供する商品・サービスの変更、技術進展等に応じて不断の見直しが必要である。新たなリスク事象の発生という観点では、実際に自社にインシデントが発生したかどうかにはかかわらず、外部の事例を基に、自社で故障や災害・被害が生じたことを想定して見直しを実施する必要がある。たとえば、新型コロナウイルス・パンデミックや、近年頻発している大規模自然災害、サイバー攻撃の事例等を収集し、既存のポリシーや対策規程類に定義されている記載事項に問題はないか、インシデント発生時に十分な対応力を有しているかなどについて、定期的に確認する必要がある。

図表11　全社利用システムと特定部門利用システムのリスク管理面での比較

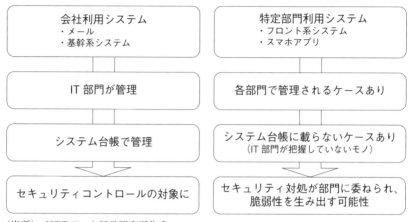

（出所）　NTTデータ経営研究所作成

　なお、システム統合に伴うリスクに対する管理態勢として、金融庁が従前の「システム統合リスク管理態勢の確認検査用チェックリスト」にかえて2019年3月に公表した「システム統合リスク管理態勢に関する考え方・着眼点」では、経営層の協調した取組みや管理者のリスク認識、用語の統一等、複数社にまたがるシステム統合プロジェクトにおいて想定される課題、すなわち、各社間でのコミュニケーションの離齬や大規模プロジェクトの管理上の課題を念頭に、関係社間での協調した管理態勢を構築するうえでのポイントが示されている。

　また近年では、金融の分野でも、顧客サービスの向上や業務効率化を指向し、ITを積極的に活用する、いわゆるフィンテックやデジタルトランスフォーメーションの取組みも活発である。こうした取組みにおいては、特定部門のみが利用するシステムについて、従来のように全社システムを所管するIT部門が管理せず、リスク面のコントロールも含めて各業務部門に任されているケースも多い。こうしたケースにおいては、事項以下で述べるリスク評価やリスク低減措置、監査等の全社的な枠組みから対象として漏れている事例も珍しくないため、特に留意が必要である（図表11参照）。

### ④ リスク評価

システムリスクのリスク評価においては、自行庫の事業戦略や取り扱う商品・サービスの特性をふまえ、外部接続の有無や、システム停止により影響を受ける顧客、情報資産等の観点から、インシデント発生時に自行庫の業務継続、および取引先や社会全体に与えるインパクトの大きさを評価する必要がある。またこうしたプロセスは、③リスク管理態勢におけるPDCAの必要性と同様、一度評価して終わりではなく、自社の新商品投入や外部での事例発生の折々に、評価の見直しが求められる。

また、システム停止時の業務遂行停止に係るリスクのほか、機密情報の流出に関するリスク評価（情報セキュリティに係るリスク評価[9]）を行う必要がある。

金融庁監督指針においても、情報セキュリティにおいて、必要な要件が詳細に定義されており、特に顧客情報管理については、具体的な対応内容の例示にまで踏み込んだ記載がなされている。フィンテックの機運が高まる一方で、情報セキュリティ面での対策にも十分留意する必要がある。金融機関が取り扱う口座番号やパスワード、クレジットカード情報等、顧客に損失が発生する可能性のある情報の管理については、とりわけ厳しく制約する必要があり、雇用の形態を問わず全役職員に対するセキュリティ教育は必須の対応事項である。

以上の着眼点を押さえたうえで、次にリスクベース・アプローチに基づくシステムリスク評価の枠組みについて概説する。リスクベース・アプローチとは、安全対策に充てられる限られた経営資源を、可能な限り有効に活用するため、対象システムごとにリスクの多寡や特性を定義し、それらに応じた最適な対策を講じるための手法と定義できる。これは、あらゆるリスクコン

---

9 情報セキュリティに係るリスク評価：金融機関は、顧客の資産や金融サービス利用の実態等、業務の特性上機微な情報を取り扱うことに加え、なりすましやシステムへの不正侵入による不正送金や業務中断が生じた場合は、決済システム全体に影響が波及するリスクも考えられる。また、近年金融業務におけるIT活用の高まりやオープンシステムの利用拡大により、リスクはますます高まってきている。

図表12　リスクベース・アプローチ手法の分類

| （システムの重要度評価） |
| --- |
| ①　システムの洗い出し |
| ②　リスク特性の洗い出し |
| ③　対象システムの特定 |
| （安全対策の策定） |
| ④　安全対策の目標設定（基準の選択、安全対策の選択） |
| ⑤　安全対策の決定 |
| ⑥　コンティンジェンシープランの策定 |

（出所）　FISC『金融機関等コンピュータシステムの安全対策基準・解説書（第 9 版)』を
　　　　　基にNTTデータ経営研究所作成

トロールに通底する考え方であり、リスクの完全な排除が現実的に不可能で
ある以上、リスクが高いシステムに、より重点的に経営資源を投入してリス
クの低減を図り、相対的に低いリスクについては、経営判断により資源投入
を控える、またはリスクを許容するという考え方である。FISC『金融機関
等コンピュータシステムの安全対策基準・解説書（第 9 版)』によると、リ
スクベース・アプローチの手法は図表12のとおり分解して整理できる。

　図表12のプロセスを実務に落とし込む場合、まず①〜③のプロセス（シス
テムの重要度評価）では、エクセルや専用のソフトウェアを活用して「IT資
産管理台帳」を作成し、自社が保有・運用するIT資産について、「管理部署」
「利用者範囲」等の基礎情報のほか、CIAの各視点（C：機密性confidential-
ity、I：完全性integrity、A：可用性availability）から、システムの重要度を
評価する。具体的な評価の観点としては、当該システムに係る情報流出時の
顧客への影響や影響先数（C）、当該システムの処理遅延や情報改ざん等に
より影響を受ける業務の特性（I）、当該システムの停止から復旧に要する
時間（A）等が考えられる。これらの観点について、定量・定性の両面から
判断する。

　次に、④〜⑥のプロセス（安全対策の策定）については、①〜③のプロセ
ス（システムの重要度評価）で定義したIT資産のリスクの高低や特性に応じ

た安全対策を決定し、それらをふまえたコンティンジェンシープランを策定する。安全対策の検討においては、FISC『金融機関等コンピュータシステムの安全対策基準・解説書（第9版）』において、「統制基準」「実務基準」「設備基準」「監査基準」の4つの分類から定義されている具体要件等を参考に、各観点から個別具体的に確認を行う必要がある。

　なお、コンティンジェンシープランの策定に際しては、主にシナリオベースとリソースベースの2つの手法が考えられる（図表13参照）。シナリオベースとは、リスクごとに、異なる発生事象をパターン化・モデル化し、それぞ

**図表13　コンティンジェンシープランの策定方法（メリットとデメリット）**

| | シナリオベースでのシナリオ策定 | リソースベースでのシナリオ策定 |
|---|---|---|
| 特　徴 | リスクごとに、異なる発生事象をパターン化・モデル化し、それぞれを起点に対応手順を紐付けて定義 | 「本店」「システムセンター」「電力」など、インフラや特定リソースが利用不可となった場合を起点に、対応手順を定義 |
| メリット | リスクごとに異なるシナリオを策定する必要があるものの、初動からの対応手順を詳細化しやすい | リスクごとに複雑化する被災パターンを数多く想定する必要がなく、対応手順を定義しやすい |
| デメリット | ■たとえば、大地震の場合、「どこで起きるのか」といった視点で、リスクの発生ケースを網羅的に捕捉し、シーンに分解定義する必要がある<br>■リスクごとに手順書を分冊化する必要があるなど、ドキュメントの策定量が増加する | ■「何かが壊れた」時点から対応手順が定義される例が多く、本来必要となる初動部分の定義が漏れがち<br>（例）「地震は発生したが壊れていない」「地震が発生し、使えなくなる寸前」や「地震が発生したが、完全に壊れたかどうかわからない」など、リソース自体が影響を受けていない場合や、損壊程度を把握するための事前対応手順が定義されない例がある |

（出所）　NTTデータ経営研究所作成

れを起点に対応手順を紐付けて定義するコンティンジェンシープランの策定手法である。リスクごとに異なるシナリオを策定する必要があるものの、初動からの対応手順を詳細化しやすい。ただし、たとえば大地震を特定リスクとして取り上げた場合、「どこで起きるのか」といった視点で、リスクの発生ケースを網羅的に捕捉し、シーンに分解定義する必要がある。また、リスクごとに手順書を分冊化する必要があるなど、ドキュメントの策定量が増加する傾向がある。

リソースベースでは、「本店」「システムセンター」「電力」など、インフラや特定リソースが利用不可となった場合を起点に、対応手順を定義するコンティンジェンシープランの策定手法であり、英国などを中心に発展してきたモデルである。リスクごとに複雑化する被災パターン等を数多く想定する必要がなく、対応手順を定義しやすいのが特徴である。ただし、「何かが壊れた」「何かの機能が損なわれた」といったリソースに影響が生じた時点から対応手順が定義される例が多く、本来必要となる情報収集段階などのシーンにおける初動部分の手順定義が漏れる傾向がある。たとえば、「地震は発生したが壊れていない」「地震が発生し、使えなくなる寸前」や「地震が発生したが、完全に壊れたかどうかわからない」など、リソース自体が直接の影響を受けていない場合や、損壊程度を把握するための事前対応手順が定義されない、といったデメリットが考えられる。

### ⑤ リスク低減措置

FISC『金融機関等コンピュータシステムの安全対策基準・解説書（第9版)』では、安全対策基準を「統制基準」「実務基準」「設備基準」「監査基準」の4つに分類し、それぞれの具体的な要件が定義されている。こうした情報を参考に、態勢面の整備やアクセス権限の管理、不正検知システムの導入、コンピュータ管理設備の強化等、「防御」や「被害極小化」を図る事前の手立てを十分に講じておく必要がある。

また一方で、災害やシステム障害、サイバー攻撃等のセキュリティインシデントが実際に発生した際に、顧客をはじめとする各ステークホルダーへの

影響を最小化し、通常の業務運営へいかに速くリカバリーするかを念頭に、コンティンジェンシープランを策定し、平時より教育や演習等を通じてその実効性を確保しておくことも重要である。

コンティンジェンシープランの策定においては、「④　リスク評価」で述べたように、シナリオベースおよびリソースベースでの策定の方法が考えられる。金融機関によっては、シナリオベースで策定し、記載内容においてリソースベースの考え方を組み込んでいる。具体的には、大規模地震が発生した場合のシナリオにおいて、影響範囲として1パターンだけを想定するのではなく、複数のパターンを想定するような手法である。たとえば大規模地震の発生により、「本店への通勤路が遮断され"ヒト"の参集が不可能であるケース」「本店と支店の物流が遮断され、"モノ"のやりとりができなくなるケース」「システムセンターが機能停止し、"情報"が遮断されるケース」「およびそれらの組合せ」について、複数のパターンで対応方法を定義するといった方法である。

こうした方法で、シナリオベースとリソースベースそれぞれのデメリットを補完し合い、より実践的なコンティンジェンシープランを策定できると考えられるが、1つデメリットとして、こうしたコンティンジェンシープランの策定には、関係部や委託先を巻き込んだ調整や確認が必要となる等、作業負荷が高く、また従業員や関係者に共有・周知する負荷も大きい点があげられる。この点については、一度に完成形を目指すというよりは、実際の自然災害や、自行庫および他社におけるシステム障害、サイバー攻撃が発生した（またはそうした情報を収集した）つどに、現在のコンティンジェンシープランへの当てはめの作業を行い、パターン分けや対応内容の精緻化をしていくといった、中長期視点での対応が必要であろう。

ここ数年、自然災害や企業へのサイバー攻撃が頻発しているが、自行庫と直接的には関係がない場合であっても、同様の自然災害やサイバー攻撃がダイレクトに影響した場合にどのような被害が想定されるか、「現在のコンティンジェンシープランでは想定できているか」「対応内容は適正か」等を

図表14　コンティンジェンシープラン策定ステップ

（出所）　NTTデータ経営研究所作成

そのつど検証し、不断の見直しを図っていくことが求められる。またその過程において、従業員や関係者のコンティンジェンシープランに対する理解促進が図られる効果も期待できるだろう。

　図表14に示したコンティンジェンシープラン策定の具体的なステップは以下のとおりである。

【STEP 1】システム障害発生時における本部・営業店の具体的な復旧・暫定業務を把握するため、行内の各種ドキュメント（既存マニュアルや事務規程類、システムベンダのシステム障害復旧マニュアル等）から関連する情報を収集する。

【STEP 2-1】特定の金融機関業務（入出金や送金処理、等）が実施不可となった場合に障害が発生しているシステムを早急に特定するため、STEP 1で把握した情報に基づき、自行庫の業務がどのシステムにより行われているのかを一覧整理する。

【STEP 2-2】STEP 2-1と並行して、STEP 1で把握した情報に基づき、「FISC『金融機関等におけるコンティンジェンシープラン策定のための手引書』」等をふまえてシステムの復旧手順を構築するとともに、システム停止時における業務別の暫定対応手順を構築する。

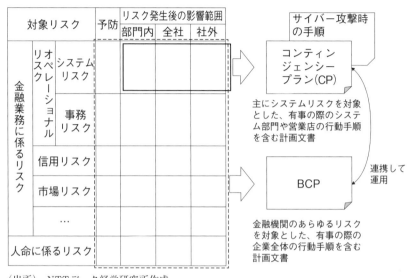

図表15　BCP、コンティンジェンシープラン、サイバーセキュリティ対策の対応
　　　　手順の位置関係

（出所）　NTTデータ経営研究所作成

【STEP 3】STEP 2 - 1 および 2 - 2 で整理・構築した内容をコンティンジェ
　　　　ンシープランのドキュメントとして取りまとめる。

　以上の流れで策定するのが一般的である。そして、先に述べたとおり、コ
ンティンジェンシープランは一度策定して終わりではなく、以下のステップ
が求められる。

【STEP 4】自行庫で発生した事例はもちろんのこと、同業他社や他業態か
　　　　らも幅広く自然災害やサイバー攻撃の事例等を収集し、「現在のコン
　　　　ティンジェンシープランで対応可能か」「定義に漏れがないか」等をそ
　　　　のつど検証し、必要に応じて見直しを行う。また当然、システム障害や
　　　　サイバー攻撃を想定した演習の実施や、内部監査・外部監査をこのプロ
　　　　セスに組み込むことも必要である。

　なお、コンティンジェンシープランとBCPやサイバーセキュリティ対策の

対応手順の位置関係は、図表15のように整理できる。

　それぞれの位置づけをふまえながら、各規程で定義された対策手順の内容が全体として整合していることを確認する。各対策の内容がバラバラに整理されており、重複や漏れ、規程間での手順に矛盾が生じないよう留意する必要がある。これは、職員が規定の内容を理解し、インシデント発生時に不要な混乱を生じさせないようにすることはもちろん、演習や訓練の効果の向上や、規程自体の見直しの作業を効率的に進めるためにも不可欠な視点である。

⑥　監　　査

　システムリスクに関する監査については、システム部門から独立した内部監査部門による定期的な監査であることを前提に、監査要員がシステム関係に精通していることや、監査対象として、システム部門だけではなく本店や営業店等のユーザー部門も含まれていることが望まれる。また、システム監査の結果が適切に経営層へ報告され、現場へのフィードバックを通じて実際に業務改善に生かされる（PDCAサイクルに組み込まれている）ことが求められる。

　なお、監査の実施手段としては内部監査だけではなく、より客観性を担保するため、適時外部の専門機関を活用した監査を実施することも有効である。

⑦　経営改善への生かし方

　まず、金融機関においては、万が一システムが停止した場合の影響は、自行庫内部にとどまらず、広く顧客や地域社会、金融システム全体に重大な影響を及ぼすことを全役職が認識することが必要である。一方で、システムリスクは他の非財務リスクと同様に、リスクを「ゼロ」にすることは不可能であるため、技術的な対策によりリスクを極小化することとあわせて、インシデント発生時の組織的な対策、とりわけコンティンジェンシープランをベースにした早期対応・早期復旧に向けた態勢の構築が不可欠である。

　かつて、コンティンジェンシープランが形式的なものにとどまり、有効性

が確保できているとは言いがたい金融機関も少なくなかった。たとえば、大規模震災などについては、その発生頻度の低さが強調され、検討が後回しにされたり、検討着手後も作業が本部の管理部門を中心に進められ、現場とのコミュニケーションが不足した結果、玉虫色の記載にとどまるケースも散見された。これは、「コンティンジェンシープランをひとまずつくりました」というかたちばかりのミッションクリアが重視されたためである。この結果、多くのコンティンジェンシープランが、「リスクが顕現化し、毀損したリソースをどのように復旧させるべきか」にフォーカスされていたことが、東日本大震災において災害検知から非常時優先業務に着手するまでの、いわゆる「初動の遅れ」が発生した一因になったとされる。

　こうした課題と教訓を背景に、現在は関係当局の主導もあって、コンティンジェンシープランの実効性向上施策がさまざまな角度から推進されている。たとえば、従前は総務部門が主導となって策定を進めていたものを、総務、経営企画、システム、財務、営業といった部門横断型の検討組織を立ち上げ、部門ごとに役割をインシデント発生直後から時系列のto-doリスクとして定義している金融機関が増加している。さらに、想定リスク単位で対応手順を詳細化することで、有事の際の初動着手までのタイムラグの短縮化をねらうといった検討も進んでいる。

　システムはいまや金融機関の業務遂行において不可欠な要素である。そしてひとたび金融機関業務を停止させるようなシステム障害が発生すると、地域のステークホルダーの経済活動に直接的な損害を与えるだけではなく、金融ネットワーク全体にも甚大な影響を及ぼすことにもなりかねない。システムリスク管理の必要性や対策手法等については、当局や業界団体を中心に監督・周知されてきた。それだけに、もしもリスク顕在時において十分な対策がとられていないことが明るみになった場合、レピュテーションの毀損はとりわけ大きなものとなることが予想される。

　こうしたリスクをRAFに取り込むためには、先に述べたリスク評価の手法を洗練し、担当部署だけではなく全社で一元的に把握することが必要にな

る。第一歩として、各リスク要因の発生頻度や影響度合いについて、ヒヤリ・ハットを含む過去の事例や外部情報を参考に分析し、各リスク要因に紐付けられた技術的な対策とその有効性、およびリスク要因と各種コンティンジェンシープラン等の規程類との関係を整理する、すなわちリスクの量・質とリスク低減措置の内容・有効性の関係を整理することが考えられる。こうして、リスクとリスク低減措置が"可視化"され、全社的に把握・コントロールが可能な態勢となることで、リスク顕在時に自行庫の経営や顧客に及ぼす影響を、冷静かつ客観的にとらえることができるようになる。

## (2) マネー・ローンダリングおよびテロ資金供与のリスク

### ① リスクの定義

　IT技術の進歩や金融サービスへの応用、国際的なヒト・モノ・カネの流動性の拡大、イスラム過激派ISISをはじめとする国際的なテロの脅威の拡大等により、金融機関が提供する商品・サービスや各種取引が、犯罪組織による資金洗浄やテロ組織への資金移動に利用されるリスクが高まっている。こうした課題を背景に、かねてFATF（金融活動作業部会）を中心とした国際協調のもとでの法整備・監督強化の枠組みが構築されてきた。わが国では、2008年のFATFの第3次対日相互審査で厳しい評価を受けたことや、その後2014年に再びFATFから対応の遅れを指摘されたことを経て、「犯罪収益移転防止法」の改正をふまえ、金融機関等による取引時確認の強化等が規定された。

　さらに、2019年の第4次対日相互審査を前に、金融庁は「マネー・ローンダリング及びテロ資金供与対策に関するガイドライン」（以下、「ガイドライン」）を発出した。ガイドラインでは、金融機関がマネー・ローンダリングおよびテロ資金供与（以下、「AML等」）対策に取り組む必要性について、以下のように定義している。裏返せば、こうした取組みが不十分である金融機関に対して、行政処分を含めた厳しい対応を講じる姿勢が読み取れる。

図表16 日本における"多額の現金"を利用したマネー・ローンダリング事例

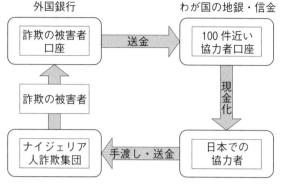

（出所） 金融庁資料等をもとにNTTデータ経営研究所作成

　「金融システムは、各金融機関等が行う送金・決済・振替等の様々な機能が集積して資金の流れを形成し、ネットワークを構築しているものであり、金融システム全体の健全性を維持するためには、金融システムの参加者たる個々の金融機関等において、その業務や金融システムにおける役割に応じ、堅牢な管理態勢を構築・維持することが不可欠である。また、各金融機関等が講ずべきマネロン・テロ資金供与対策は、時々変化する国際情勢や、これに呼応して進化する他の金融機関等の対応に強く影響を受けるものであり、金融機関等においては、こうした動向やリスクの変化等に機動的に対応し、マネロン・テロ資金供与リスク管理態勢を有効性のある形で維持していく必要がある」

　また、AML等対策が不十分な場合の金融機関のリスクとしては、行政上の処分にとどまらず、レピュテーションの低下による預金の流出や取引の解除や、態勢面での不備を理由に金融ネットワークから締め出しされる事態も想定される。なお、要因の分類については、主には外部の悪意のある第三者による犯罪行為に起因するが、海外を中心に悪意のある第三者と共謀した内

部犯行によるケースも散見される。

　日本は、外国と比べて現金の流通量が多く、一般に個人が多額の現金を引き出しても不審に思われにくいこと、そのチェックの手段も限られていることから、犯罪者・テロリストグループがねらいをつけやすいといわれており、実際に本邦金融機関が不正に巻き込まれる事案がしばしば発生している（図表16参照）。

② 　経営層の認識

　AML等態勢強化には、経営層の課題認識と強いリーダーシップが不可欠である。まず、課題認識の点では、AML等のリスクは、ひとたび顕在化するとレピュテーションの著しい低下や他金融機関との取引停止等、経営に甚大な影響を及ぼしかねない点に注意が必要である。しかし、特に営業店等の現場レベルでは、こうしたリスクについて、理解してはいても「まさかそんなことは実際に起きはしないだろう」という、どこか他人事の感覚しかもたれていないことも想像に難くない。このため、対策の意思決定から実装〜定着までに時間を要しがちである。こうした事態を避け、危機感を共有して迅速に対策を進めるためには、経営層から継続的にメッセージを送り続けることが不可欠である。

　また、AML等の対策を講じる際には、後に述べるように、リスクの特定・評価・低減のいずれのフェーズにおいても、行庫内の多様な部門が共同して緻密な作業を進める必要がある。こうした部門横断の取組みは、部門ごとの資源配分や権限・責任範囲の見直し等、ボトムアップでは困難な調整を伴うことも多いため、部門長レベルを統括する経営層によるトップダウンによる調整および推進が求められる。加えて、全役職員の理解や感度を醸成する必要性において、経営層自身が、研修等へ積極的に参加するなど、トップマネジメントとして模範的な姿勢を示すことも有効であろう。

　なお、ガイドラインにおいては、経営陣の関与・理解として、これらの視点のほか、「役員レベルでのAML等責任者の任命および権限の付与」「AML等担当役員への情報連携や内外への説明態勢の構築」「AML等取組みへの予

算の配分」「役員・担当部門間の連携の枠組みの構築」「人事報酬制度への AML等取組状況の組込み」等があげられている。こうした役員の関与については、外形上の要件を整える点から、各種規程類においてもルールとして明記しておく必要がある（例：「リスク評価書の改定においては、役員会に付議し、担当役員の決裁をもって実施する」等）。

### ③　リスク管理態勢

AML等リスクのマネジメントにおいては、リスクベース・アプローチに基づく管理態勢の構築が求められる（図表17参照）。これは、他の非財務リスクと同様、AML等のリスクも究極的にゼロリスクとすることが不可能であるためである。金融機関は、時間的・人的・金銭的な資源が限られるなか、最も効果的な対策を選択し、PDCAサイクルを回しながら不断の見直しを図っていく必要がある。また、マネー・ローンダリングやテロ資金供与の手口は常に変化しており、導入直後は有効であった対策も、時間が経てば陳腐化

**図表17　リスクベース・アプローチのイメージ**

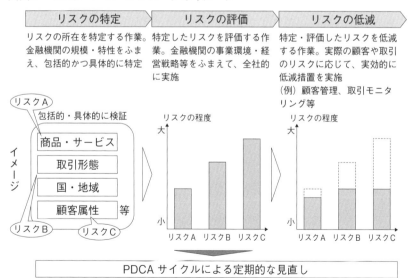

（出所）　金融庁講演資料をふまえNTTデータ経営研究所作成

図表18 「3つの防衛線」と各部門の役割

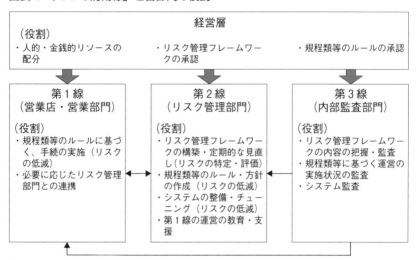

（出所） NTTデータ経営研究所作成

　していることも起こりうる。ガイドラインが求めるAML等管理態勢の要諦
は、このリスクベース・アプローチに基づき、自行庫の事業戦略や営業エリ
アの特性等を前提に「商品・サービス」「取引形態」「国・地域」「顧客属性」
の軸からリスクを特定・評価し、リスク特性に応じた「低減措置」を講じ、
PDCAを通じて見直しを図っていくことにある。

　ここではまず、AML等の管理態勢として、こうしたリスクの特定・評価・
低減に係る一連の手続が、「遅滞なく」「有効なガバナンスのもの」発揮でき
るような、「組織体制」「PDCAサイクル」「職員の育成」について確認する。

◇組織体制

　金融庁ガイドラインでは、AML等に対応する組織体制の要諦として、「3
つの防衛線」を軸とした組織の役割明確化、および組織間の連携・けん制の
仕組みがあげられている。これは、金融機関の一般的な組織構造を念頭に、
営業・管理・監査の各部門が担うべき役割・責任について、経営層の責任の
もとで明確にし、組織的に対応を進めることを想定した考え方である。

まず、第1線には、営業部門として、顧客と直接対面する活動において、取引時の確認等を通じて顧客のリスクを把握し、リスクに見合った適切な低減措置を実施することが求められる。こうした対処を適切に実行できるよう、第1線に属するすべての職員が、AML等に係る方針や手続に加え、自らの責務を十分に理解しておく必要がある。

　第2線は、本部のリスク管理部門等のAML等対策の所管部を想定し、第1線におけるAML等対策に係る方針・手続・計画の遵守状況の確認や、リスク低減措置の有効性の検証が求められる。そのほか、第1線の活動支援、またAML等対策を円滑に遂行するために、関係部（システム部、事務部、融資部等々）との連携態勢の構築が求められる。こうした活動を円滑に行うため、第2線にはAML等に関する知識や専門性をもった人材の配置が必須である。

　第3線は、業務の執行ラインから独立した内部監査部門であり、第1線や第2線のAML等対策が適切であるかを定期的に監査する（図表18参照）。具体的な監査のポイントについては、⑦監査のプロセスで確認する。

◇**PDCAサイクル**

　「3つの防衛線」の意図するところは、役割の明確化による業務効率の向上だけではなく、各部門がそれぞれの業務執行を監視・フォローし合い、課題の早期発見・改善を促すことにある。また、「3つの防衛線」を軸に、各部門で生じた課題を定期的にトレース・確認し、経営層にレポートして改善を促す仕組みを構築することも重要である。たとえば、AML等に関する委員会を経営レベルで定期的に開催することとし、その開催日を目安に、第1線からあげられた疑わしい取引の分析や新たなリスク低減策の検討、第3線での監査結果をふまえた改善計画の立案等を定期的に実施する仕組みを構築することが考えられる。

　なおAML等のリスクの特定・評価において、外部機関が定期的に発出する情報のトレースも不可欠である。たとえば、警察庁が毎年公表する「犯罪収益移転危険度調査書」（以下、「NRA」）や、FATF勧告、OFAC（米国財務

省外国資産管理室）の制裁情報等の確認である。こうした外部情報のトレースについて、漏れなく実施し、自行庫の態勢強化に利用できるよう、PDCAサイクルや、組織や役職員のミッションにあらかじめ組み込んでおくことが必要だろう。

◇**職員の育成**

ガイドラインでは、関係するすべての役職員に対し、AML等に関する知識やノウハウの教育を求めている。もっとも、第1線、第2線、第3線では必要とされる知識の内容や深度は異なっており、その点にも留意する必要がある。たとえば、第1線は、マネロン・テロ資金供与のリスクにさらされる場面に立ち会うことになるため、確認・調査するべき事項や手順等を明記したヒアリングシート、チェックリスト、確認マニュアル等についての内容を理解しておく必要がある。

第2線は、疑わしい取引の届出状況、営業部門からの照会事項、各種研修の実施状況等をふまえ、AML等のリスク管理態勢が有効に機能しているかを検証していくことが求められるため、より専門的かつ体系的な知識が必要となる。また、第3線は、細部を含めた業務執行の適切性を判断するに足る、幅広く深い知識に加え、場合によっては第2線が構築した業務ルール自体の見直しを提言できるような、経営的な視点で客観的に物事を思考・発信する力も求められる。

こうした人材を育成・確保するにおいては、部門や階層別に体系化された教育プログラムを完備するとともに、人事ローテーションや評価等における工夫も必要になる。

④　**リスクの特定**

AML等のリスクを評価する前に、リスクを特定する作業が必要である（図表19参照）。これは、AML等のリスクが、金融機関の事業戦略や商品・サービスの種類・取引量、営業エリアの地域特性等、多様な要因によって異なっており、すべての金融機関に共通するリスクを一律的に定義することが不可能なためである。

### 図表19 「リスクの特定」の作業イメージ

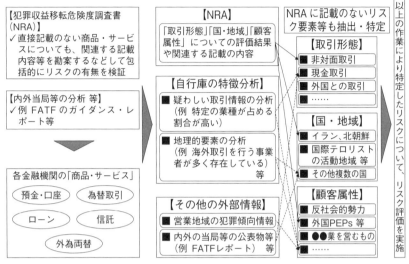

「商品・サービス」における
リスクの検証

NRA の記載のある要素について、自行庫の特性を
ふまえた検証

（出所）　金融庁講演資料をふまえNTTデータ経営研究所作成

　たとえば、外国人観光客の利用が多いＡ信用金庫と、一見（いちげん）顧客の利用はほぼないが、高齢者の利用が多いＢ信用金庫では、リスクとして認知すべきファクターは異なるだろう。具体的には、まずは国によるリスク評価の結果（NRA）や金融庁、FATF等の公表資料をベースに、リスク要因の「案」を一覧化し、それらの「案」をベースに自行庫の独自性を加味して不足する視点はないかを個々検証する作業が想定される。この際、リスク部門だけで作業を完結するのではなく、日々顧客と接してリスク要因の特定に重要な「気づき」を有している可能性のある営業部門とのコミュニケーションは必須である。また、こうした、リスク管理のいわば「最上流」の作業から、役員が積極的に関与することもまた重要である。

⑤　リスクの評価

　リスクの特定ができれば、次に、リスクの大中小を判断していく作業、す

図表20 「リスク評価」の作業イメージ

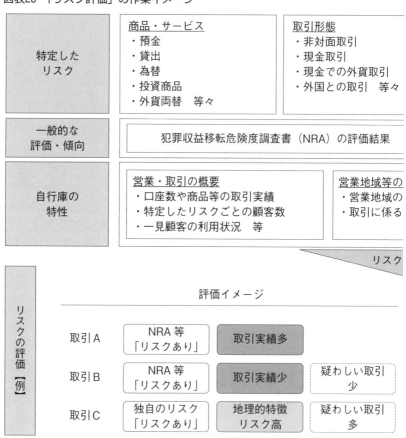

（出所） 金融庁講演資料をふまえNTTデータ経営研究所作成

なわちリスクの評価を実施する。イメージとしては、たとえば、輸出入の起点となる港湾を営業エリア内に有する金融機関では、「（北朝鮮との関連が疑われる）特定の品目を取り扱う輸出入業者はリスクが総じて高そうだ」「（制裁対象の確認に注意を要する）船舶ファイナンスを利用する顧客が自行庫には多い」といった評価が可能となる。

　なお、ガイドラインでは、こうしたリスクの特定・評価について、国によ

<table>
<tr><td>国・地域<br>・イラン、北朝鮮<br>・国際テロリストの活動<br>　地域等<br>・複数国同時取引　等々</td><td>顧客属性<br>・反社会的勢力<br>・外国 PEPs<br>・●●業を営むもの<br>・長期未取引者　等々</td></tr>
</table>

<table>
<tr><td>FATF 等のレポート</td><td>内外当局・専門家等の分析</td></tr>
</table>

<table>
<tr><td>概要<br>地理的な特徴<br>国・地域の特徴<br>　　　　　　　　等</td><td>その他の情報等<br>・自行庫の疑わしい取引の分析<br>・営業地域の犯罪傾向<br>・近隣の金融機関　等</td></tr>
</table>

特定の結果

独自の評価基準イメージ

| L | M | MH | H |
|---|---|----|---|

取引A　ミドルハイリスク

取引B　ミドルリスク

取引C　ハイリスク

るリスク評価結果（NRA）等の情報も参考に、金融機関の状況をふまえて、「商品・サービス」「取引形態」「国・地域」「顧客属性」の４つの切り口から実施することを求めている（図表20参照）。なお、このフレームワークで定義されている４つの領域の範囲は、それぞれ必ずしも独立しておらず、一部に重複する項目もありうる（たとえば、「商品・サービス」のインターネット取引と、「取引形態」の非対面取引等）。そのため、リスク要因を分類するうえで、

図表21　各因子のリスク評価方法（イメージ）

| | | 取引の総量 | | |
| --- | --- | --- | --- | --- |
| | | 少・なし | 中 | 多 |
| 取引自体のリスク | ハイリスク | ハイリスク | | |
| | ミドルハイリスク | ミドルリスク | ミドルハイリスク | ミドルハイリスク |
| | ミドルリスク | ローリスク | ミドルリスク | ミドルハイリスク |
| | ローリスク | ローリスク | ローリスク | ミドルリスク |

（出所）　NTTデータ経営研究所作成

どの項目に分類すべきか判断に迷う場面も想定されるが、金融機関を取り巻くあらゆるAML等リスクを「漏れなく洗い出す」ことを優先し、項目の重複や整理上の「気持ちの悪さ」は横に置き、作業を進めることが重要である。

　では、各因子のリスクの"量"を評価するにおいては、どのような考え方をとるべきだろうか。一般的には、その他の非財務リスク管理の考え方と同様、リスク顕在時の影響の大きさ（取引自体のリスク）と、リスクの発生可能性（取引自体の総量等）との2軸をクロスさせたフレームワークが考えられる（図表21参照）。たとえば、リスク顕在時の影響の大きさについては、国によるリスク評価（NRA）の結果や、FATF勧告の評価をベースに、自行庫の事業環境や地域特性、疑わしい取引の報告件数等をふまえた評価から判断する。リスクの発生可能性については、自行庫での取引の件数や金額の総量等から判断する方法が考えられる。

⑥　リスク低減措置

　AML等リスクの低減においては、特定・評価したリスクや自行庫のリスク許容度に応じた対策を講じる必要がある。主な対策として、大きくは、商品や顧客の類型ごとに、本人確認に加えてリスクの大小に応じて、謝絶・取

引制限・追加情報の取得等を講じる「取引時確認」、既存先についてリスクに応じて定期的な情報の取得等を図りリスク評価や低減措置を見直す「継続的な顧客管理」に分類される。

「取引時確認」の最適化においては、まずは、本部、営業店に峻別した現行の事務フローを修正することが必要となるが、ここでは、AML等対策の視点から、「取引時確認」に実装すべき対策を検討するうえでの「考え方」について、営業店における「口座開設」の例を紹介したい。

まず前提として、営業店は顧客対応の基点となることから、口座そのものに着目し、ライフサイクルに応じた対応を講じる必要がある。口座のライフサイクルとは、「口座開設」から「口座管理」を経て「口座閉鎖」に至るプロセスを詳細化したもののイメージである。こうしたプロセスに分解をしたうえで、口座開設依頼を受領した場合にチェックすべきこと、口座開設後にチェックすべきこと、といったように評価ポイントを定義し、それぞれのシーンで想定されるリスクを念頭に、理想的な手続を個別に検討していくことが必要となる。

ここで法人の場合、現在でも口座開設時には時間をかけて（場合によっては数日間）審査を行い、警察庁の反社データベースに法人の代表者情報などを照会するといった作業が定義されている。ところが、個人の場合には、営業店の店頭で反社データベースや金融機関独自の不芳情報などを参照し、特に問題がなければ即日口座開設に応じている金融機関が多いのではないだろうか。今後は、提示された個人情報などをふまえ、インターネット上での情報検索（いわゆる「クローリング」）によって、依頼者に関する特定情報を探索・確認し、口座開設に応じるか謝絶すべきか、といった点を検討する必要がある。

しかし、これらの作業を店頭ですみやかに実施することが、はたして可能なのであろうか。地域金融機関のなかには、わずか数名で店舗運営を担っているケースも多く、精緻な評価を短時間で実施することには限界がある。こういったケースでは、小規模営業店では個人からの口座開設依頼は即日応じ

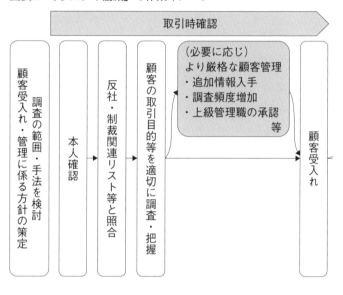

図表22 「リスクの低減」の作業イメージ

取引時確認

顧客受入れ・管理に係る方針の策定

調査の範囲・手法を検討

本人確認

反社・制裁関連リスト等と照合

顧客の取引目的等を適切に調査・把握

（必要に応じ）
より厳格な顧客管理
・追加情報入手
・調査頻度増加
・上級管理職の承認
　　　　　　　等

顧客受入れ

（出所）　金融庁講演資料をふまえNTTデータ経営研究所作成

ることなく、いったん事務集中センターや母店・中核店に送付のうえ時間を
かけて審査を行う、といった対応も有効と考えられる。

　ここでは、AML等観点で有効な「取引時確認」を実装するための「考え
方」について、営業店での口座開設における対応イメージを部分的に切り取
って紹介したが、口座開設にかかわる、あらゆる顧客取引を念頭に、シーン
ごとに分解のうえリスクを特定し、リスク低減するための個別の取組みを事
務のなかに組み込むことが求められる。そのためには、定義された条件や改
善された事務フローをすみやかにマニュアルに落とし込み、全営業店職員に
周知徹底のうえ、均等な教育を施していくことが肝要である。

　なお、リスク低減においては、顧客のリスクレベルに応じた「継続的な顧

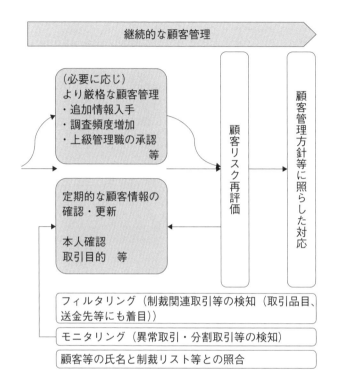

継続的な顧客管理

（必要に応じ）
より厳格な顧客管理
・追加情報入手
・調査頻度増加
・上級管理職の承認
等

定期的な顧客情報の
確認・更新

本人確認
取引目的　等

顧客リスク再評価

顧客管理方針等に照らした対応

フィルタリング（制裁関連取引等の検知（取引品目、送金先等にも着目））

モニタリング（異常取引・分割取引等の検知）

顧客等の氏名と制裁リスト等との照合

客管理」を講じることも重要であり、この点については、金融庁ガイドラインにおいても繰り返し強調されている。具体的には、特定の期間における顧客の取引金額や件数が異常である、または取引金額が収入と比して異常に高額である等の場合に、厳格な顧客管理として「追加情報の徴求」や「上級管理者による取引承認」等の対策が求められる。また、顧客のリスクレベルに応じて定期的に顧客情報を確認・収集し、リスクレベルを見直すフローを実装することも、リスクベース・アプローチにおける中核的な対応である（図表22参照）。

　もちろん、こうした対応を実装するためには、「フィルタリング（顧客情報と各種制裁リストとを照合するシステム）」「モニタリング（顧客の取引振りか

図表23　主たるリスク低減措置（イメージ）

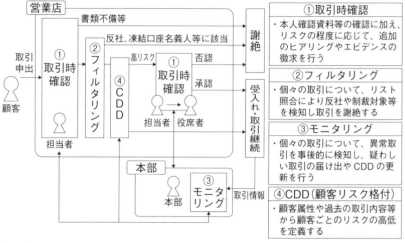

①取引時確認
・本人確認資料等の確認に加え、リスクの程度に応じて、追加のヒアリングやエビデンスの徴求を行う

②フィルタリング
・個々の取引について、リスト照合により反社や制裁対象等を検知し取引を謝絶する

③モニタリング
・個々の取引について、異常取引を事後的に検知し、疑わしい取引の届け出やCDDの更新を行う

④CDD（顧客リスク格付）
・顧客属性や過去の取引内容等から顧客ごとのリスクの高低を定義する

（出所）　NTTデータ経営研究所作成

ら疑わしい取引を検知するシステム）」「CDD：顧客リスク格付（フィルタリングやモニタリングの結果、およびその他顧客の属性情報等から、顧客のリスクレベルを判定し、リスクレベルに応じたリスク低減措置を講じることをサポートするシステム）」等の各種システムの導入も不可欠である（図表23参照）。また、ガイドラインにおいては、リスク低減措置の有効性をふまえ、残存するリスクを把握し、継続的な課題事項として部門横断的に管理・改善していくことが求められている。これは、統合的なリスク評価やPDCAの観点からきわめて重要な対応である。金融機関によっては、リスク評価書等で「残存リスクは存在しない」と整理をしているケースもみられるが、高度に複雑化した現在の金融システムにおいて、ゼロリスクであることは現実的でない。今後の対策強化のポイントを明確にするためにも、ありのままを評価し、課題点を把握しておくことが重要である。そのため、残存リスクの評価についても、リスク要因ごとに、リスク低減措置の強弱から、残存リスクを評価するフレームワークを活用して評価する等、評価の枠組みを定義しておく必要があるだろう。

図表24　各因子の残存リスク評価方法（イメージ）

| | | リスク低減措置 | | |
|---|---|---|---|---|
| | | 弱 | 中 | 強 |
| リスク | ハイリスク | ハイリスク | | |
| | ミドルハイリスク | ミドルハイリスク | ミドルハイリスク | ミドルリスク |
| | ミドルリスク | ミドルハイリスク | ミドルリスク | ローリスク |
| | ローリスク | ミドルリスク | ローリスク | ローリスク |

（出所）　NTTデータ経営研究所作成

⑦　監　査

　第3線として管理態勢で求められる機能を十分に発揮するためには、監査計画の策定、監査対象・監査頻度・監査手法の最適化、監査結果の有効活用（対経営層、対現場）等が求められる。ガイドラインでは、監査計画の策定として、「AML等対策の方針・手続・計画の適切性」から、「疑わしい取引を検知するITシステムの運用状況」「リスク低減措置の実施状況」まで細かい粒度で要件が定義されている。こうした監査を実効的に実施するためには、精緻な監査計画を立案・実行できる人材の育成・確保が不可欠である。金融機関全体での人事戦略に、監査要員の計画的な育成・確保を位置づけ、第2線とのローテーションを通じて自行庫職員の育成に加え、外部の専門人材の確保等についても検討する必要があるだろう。また、内部監査だけでなく、外部機関による監査や助言についても、適時有効に活用することが望まれる。

⑧　経営改善への生かし方

　AML等への対策が不十分であり、リスクが顕在化した場合に、金融機関としてどのような損失が考えられるのだろうか。ここでは、海外で実際に発生した事例を数例紹介したい。

◇事 例 1

　シンガポールの金融規制当局は、マレーシアの政府系投資ファンド「ワン・マレーシア・デベロップメント（1MDB）」の不正行為をめぐる捜査に関連し、マネー・ローンダリング防止策の不備を理由にシンガポールに本社を置くユナイテッド・オーバーシーズ銀行（UOB）とクレディ・スイスに制裁金を科した。シンガポール通貨監督庁（MAS、中央）は、複数の規制違反と顧客取引の不適切な審査が判明したことを受け、クレディ・スイスに70万シンガポールドル（約5,600万円）、UOBに90万シンガポールドルの制裁金を科した。MASと規制当局はまた、３人の個人の金融活動を禁止し、他の３人にも同様の処分を科す意向を通知した。1MDB関連でシンガポールの金融機関を対象に２年にわたって調査を行った結果、２行への制裁が決定した。1MDBをめぐっては、シンガポールや米国など複数の当局が調査に動いている。

（出所）　ダウ・ジョーンズ米国企業ニュース　2017年５月30日付

◇事 例 2

　オランダ最大手の銀行INGグループは、マネー・ローンダリング（資金洗浄）や市場操作などの犯罪に関して、同国当局から捜査を受けていることを明らかにした。多額の罰金を科せられる可能性があるという。同社が公開した年次報告書で明らかにしたものである。

（出所）　ロイター通信ニュース　2017年３月22日付

◇事 例 3

　米地銀大手のUSバンコープはマネー・ローンダリングへの対策が不十分だったとして規制当局から６億1,300万ドルの支払を命じられた。マンハッタンの連邦検察当局によると、同行は資金洗浄対策が不十分だったために、違法なペイデーローン会社（次回の給与を担保とする高利の消費者金融）を使った詐欺に絡むスコット・タッカー被告の違法な資金を受け入れた。銀行は不正行為に利用されないよう予防策を講ずることが求められており、不正の疑いが浮上したときは政府への報告が義務づけられている。

しかし規制・検察両当局によると、USバンコープ傘下の地銀USバンクは人員面でもシステム面でも十分な対応をしておらず、不正を見抜けなかった。

（出所）　ダウ・ジョーンズ米国企業ニュース　2018年2月16日付


　上記はいずれも、銀行の内部統制管理やシステム整備等が不十分であり、顧客実態の把握に漏れがあったことに起因し、制裁金を科された事例である。制裁の金額に目が行きがちではあるが、レピュテーションの低下による顧客の流出や社会的信用の毀損、金融ネットワークからの締め出しの影響も深刻である。

　わが国では、従来国際的なスタンダードと比較して対策の遅れが指摘されてきたことは先述のとおりであるが、2019年度のFATFの第4次対日相互審査を契機に官民をあげて、対策の強化が進んできている。しかし、従来の規制対応の枠を超え、事業リスク評価や収益計画にまで踏み込んだ管理ができている金融機関はまだ少ないように見受けられる。たとえば、リスクの高い顧客や取引の類型について、「従来どおり受け入れた場合と今後取引を謝絶または制限した場合で手数料や収益への影響はどの程度あるか」、また「その場合のリスク量の低減効果はコストに見合うものであるか」等のシミュレーションを即時に実施できるレベルまで情報を整理・統合し管理することはきわめて困難である。しかし、当該リスクをRAFに取り込んで管理するためには、現実的に上記のような対応が想定される。

　2018年に、金融庁から国際的なリスク評価の枠組みに準拠したガイドラインが発出されたこともあり、顧客のリスクレベルの見える化がある程度進んできている。こうした努力の積上げによりリスク評価の手法が洗練されてくれば、その結果が事業リスク評価に広く活用されることは、そう遠くない将来にもありうるのではないか。その観点では、現在のFATF対応において、形式的な対応にとどまらず、事業リスク評価や収益管理へどこまで組み込んだ議論ができるか、情報の整理・統合・管理がどこまで実装できるか、金融

機関のリスク管理高度化の趨勢を占う分水嶺となる可能性もある。

## ⑶　事務リスク

### ①　リスクの定義

　金融庁「中小・地域金融機関向けの総合的な監督指針」（以下、「監督指針」）では、事務リスクについて、「銀行の役職員が正確な事務を怠る、あるいは事故・不正等を起こすことにより、銀行が損失を被るリスクをいうが、銀行は当該リスクに係る内部管理態勢を適切に整備し、業務の健全かつ適切な運営により信頼性の確保に努める必要がある」と記述されている。

　金融機関が担う事務の対象は広く、関連するリスクも自行庫内の営業店、本部の役職員によるオペレーションミス・不正にとどまらず、外部委託先によるオペレーションミス等を総合的に包含する。

　事務リスクの管理では、まず自行庫の業務の規模や特性に応じたリスクのプロファイルを行う。また、リスク評価の視点では、リスクが顕在化した場合の定性的な影響の見極めに加え、自己資本比率の算定に含む必要がある等、技術的な定量化の手法にも目を向ける必要がある。さらに、リスク低減措置では、単に個々の事案の再発防止にとどまらず、オペレーションのチェック機能および牽制機能の態勢整備、規程類による事務の明文化等、全社としての事務リスク管理の枠組みが重要になろう。

　金融庁の監督指針および「オペレーショナル・リスク管理態勢の確認検査用チェックリスト」（以下、「チェックリスト」）が求める内容から金融庁が要請する事務リスク管理態勢の視点、地域金融機関における先進的な取組事例等を参考に、事務リスク管理のあり方を解説する。

### ②　経営層の認識

　事務リスクにとどまらず、非財務リスク全般にいえることであるが、単にオペレーションミスや不正等の個々の事案を分析し、個々の再発防止策を検討する、いわゆる"もぐらたたき"のようなかたちで事務リスクを低減しようと取り組む金融機関が多いように感じている。日々金融ビジネスは進歩し

変化している。特に昨今、地域金融機関はデジタル化等による新たな事務の検討や、コンプライアンスの強化に伴う事務の見直し、外部委託先の増加によるモニタリング業務の増加等、対応すべき事務が増えており、事務リスクの管理対象は拡大している。

　経営層はこうした現場の状況を正確に認識のうえ、事務リスクを単に伝統的なリスクの種類の１つととらえるのではなく、顧客サービスの確実な提供、ひいては戦略や目標を達成するために必要不可欠なベースラインとして、事務リスクを位置づけることが肝要である。そのため、経営層は、事業や戦略の見直しといった適切なタイミングにおいて、リスク評価およびリスク低減措置の見直し等、事務リスクの管理・監督を指揮することが望まれる（図表25参照）。

　金融庁のチェックリストにおいては、経営陣に事務リスク管理の全般に関与することを求めている。具体的には、「①方針の策定」「②内部規程・組織体制の整備」「③評価・改善態勢」の３つに整理されている。

図表25　経営陣による事務リスク管理態勢整備に係る対応事項

| ①　方針の策定 | ✓取締役の責任・役割<br>✓事務リスク管理方針の整備・周知<br>✓方針策定プロセスの見直し |
|---|---|
| ②　内部規程・組織体制の整備 | ✓内部規程の整備<br>✓事務リスク管理部門の態勢整備<br>✓各業務部門および営業店等における事務リスク管理態勢の整備<br>✓取締役等への報告・承認態勢の整備<br>✓監査役への報告態勢の整備<br>✓内部監査実施要領および内部監査計画の策定<br>✓内部規程・組織体制の整備プロセスの見直し |
| ③　評価・改善活動 | ✓分析・評価<br>✓改善活動 |

（出所）　金融庁「オペレーショナル・リスク管理態勢の確認検査用チェックリスト」を基にNTTデータ経営研究所作成

これら要請事項はPDCAサイクルを意識したものであり、経営層はPDCAサイクルそのものの構築を担うことが期待される。

### ③　リスク管理態勢

　他のリスクと同様に「体制構築」および「PDCAサイクルの構築」が重要であることは想像に難くない。金融庁のチェックリストにおいても、経営陣、管理者、事務リスク管理部門、業務部門および営業店の各階層別にチェックの視点を定めており、重層的な管理態勢の整備が求められる（図表26参照）。

**図表26　階層別に求められる対応態勢の要点**

| | 体制構築 | PDCAサイクルの構築 |
|---|---|---|
| 経営陣 | ✓組織体制の整備<br>✓事務リスク管理部門の設置<br>✓業務部門および営業店等における事務リスク管理体制の構築<br>✓組織体制の見直し | ✓事務リスク管理方針の整備<br>✓取締役会への報告・承認<br>✓監査役への報告<br>✓方針策定プロセスの見直し<br>✓内部規程の整備プロセスの検証<br>✓分析・改善活動プロセスの見直し |
| 管理者 | ✓管理者による事務リスク管理部門の体制整備<br>✓事務リスク管理部門の体制の見直し | ✓事務リスク管理規程の整備・周知<br>✓執行状況のモニタリング<br>✓事務リスク管理規程の見直し |
| 事務リスク管理部門 | — | ✓具体的な事務の規定<br>✓営業店への事務の周知・教育<br>✓定期的な事務の見直し |
| 各業務部門および営業店 | ✓検印担当者の任命<br>✓検印担当者の見直し　等 | ✓厳正な事務管理<br>✓定期的な自店検査<br>✓自店における事務処理上の問題点の改善 |

（出所）　金融庁「オペレーショナル・リスク管理態勢の確認検査用チェックリスト」を基にNTTデータ経営研究所作成

事務リスクの管理では規程類が整備され、その内容を業務部門および営業店の職員が理解し、正しく事務が行われることが求められる。地域金融機関の多くは、この「手間がかかる」規程類の整備を疎かにし、適宜の作成・更新が行われていないように見受けられる。ある金融機関の場合、規程類の記載に「更新日付が新しい規程類の記載（事務）を正とする」と定められているものまであった。管理規定類等により文書間の構造を整備し管理している金融機関であっても、個々の規程の記載内容までは管理できていないのが実態であろう。また規程類が細分化されすぎており、どの規程にどの事務が紐付いているのかが判断しにくいといったこともあるかもしれない。

　前述のとおり、金融機関のデジタル化等を背景に、職員が担う事務の量は今後さらに増加するだろう。そのため、実効性の高い規程類の管理プロセスをいま一度検討する時期にきているのではなかろうか。

　こうした規程類の管理を容易にするための事例もいくつか確認できている。ある地域金融機関では、システムを活用し、規程類の体系の管理にとどまらず、個別規程の記載内容や法令・ガイドライン等を一貫して紐付けて管理することで、法令の変更やシステムの変更に伴う事務の変更に柔軟に対応できるようにしていた。地域金融機関は、規程類管理の高度化に向けて、今後こうしたITソリューションの活用や、規程類の管理そのものを近接する金融機関で共同化する等も検討に値するであろう（図表27参照）。

④　リスク評価

◇**定量的評価**

　まずは事務リスクの定量化の視点として、自己資本比率の算定に含まれる部分についてみていきたい。現在、事務リスクの算定には3つの手法が存在する。基礎的手法および粗利益配分手法は粗利益に対して一定比率を乗じて所要自己資本を算定する手法である。先進的計測手法は、事務リスクの種類ごとに年間の事故発生頻度と損失額の値を積み上げて算出する手法である。いうまでもなく基礎的手法および粗利益配分手法は比較的簡易な算出方法であり、これに対して先進的計測手法は、実態に即した精緻な算出手法であ

図表27　効率的な規程類管理のITソリューション

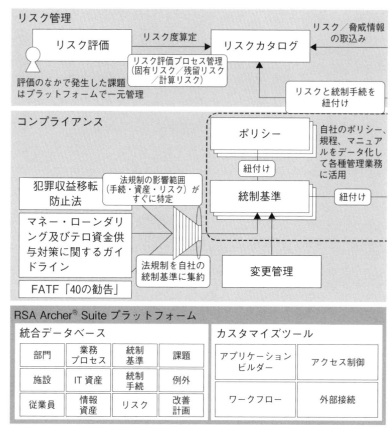

（出所）　NTTデータジェトロニクス

る。地域金融機関の多くは、基礎的手法または粗利益配分手法を採用していると想定されるが、これまで事務リスクの管理の高度化に向けては、先進的計測手法を取り入れ、事務リスクの種別ごとにリスクの大小を判断できる態勢を整えることが望ましいとされてきた。

　ところが、2016年３月にバーゼル銀行監督委員会が公表した合意文書によると、現在の３つの算出手法を廃止し、2022年からは、新たな事務リスクの所要自己資本の算出方法に統一するよう要請されることになった。新たな算

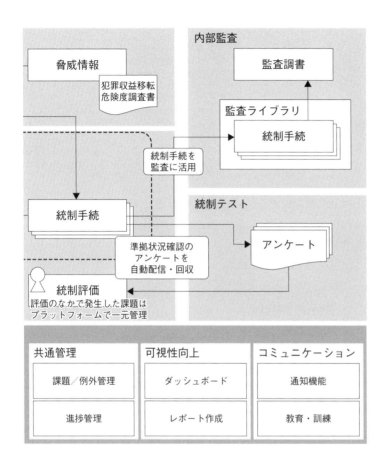

出方法では、ビジネス規模と過去の損失実績を掛け合わせて算出する「簡易な」手法に戻っている（具体的な算出手法の解説は、金融庁のホームページ「「オペレーショナル・リスクに係る最低所要自己資本」の概要」を参照）。今回の手法の統一の背景には、金融機関を横並びで評価しやすいように、すべての金融機関にとって導入が容易である簡易的手法に戻したいとする、世界の金融当局の考えがあるのかもしれない。

　もっとも、地域金融機関自らが事務リスクの管理高度化を図る際には、先

進的計測手法での算出が有効であると私たちは考えており、事務リスクの種類ごとにリスクを定量化する取組みが進むことを期待したい。この場合、当局向けには新統一算出手法を用いた所要自己資本を提示し、内部管理上は、より高度な先進的計測手法を引き続き利用するといったことも考えられるだろう。

### ◇定性的評価

定性的な事務リスク評価にあたっては、金融庁チェックリストの「実地調査用チェックリスト」が参考になる。具体的には、内部業務（営業店事務等）、渉外業務、商品別の視点を活用して、自行庫で発生する事務リスクの原因系をみていくことが求められる。

### ⑤ リスク低減措置

事務リスクの直接的な発生源であろう営業店でのリスク管理態勢、事務リスクが顕在した際の対応、外部委託先管理、その後の分析・改善の4つに分け、それぞれの低減措置を解説する。

### ◇営業店のリスク管理態勢

すでに多くの金融機関では、営業店における事務リスクの低減措置を講じられている。たとえば、営業店内の第1線、第2線、第3線でのチェック体制の構築、タブレット端末などITを利用した紙の削減による事務そのものの簡素化等があげられる。また、定期的に各業務部門および営業店において自店検査を行い、チェック体制の実効性を確保できているかといった視点で、事務ミスの未然防止への点検も進められているであろう。引き続き、BPR等の事務の改善による事務簡素化への取組み、事務の集中化・共同化等によるリスク所在の限定化への取組み等が進展することを期待したい（図表28参照）。

### ◇事務リスク顕在時の対応

実際に事務ミス等が発生した際の対応は、検知・エスカレーション、対応の検討・実施、再発防止策の検討の3つのプロセスに分けられる。

まず検知・エスカレーションでは、事案の発生を受けて、担当者がスムー

図表28　静岡県の県内信用金庫における事務共同化

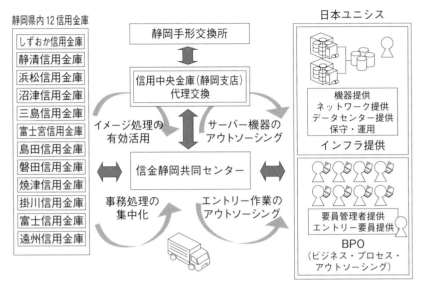

（出所）　日本ユニシス

ズにエスカレーションすることが重要となる。しかしながら、担当者は事務
ミスを伝えにくいといったことが想定される。日頃より経営陣からの意識づ
けや、エスカレーションに対するインセンティブを付与すること等、金融機
関のリスク文化の醸成が求められる。また即時の報告が可能になるように、
事務ミスのデータベース等を構築し、事案の早期把握に向けた仕組みを導入
することも検討すべきである。

　対応の検討・実施では、直接的に影響を受けてしまった顧客への対応はも
とより、他の営業店への影響や、他の顧客への影響を早期に判断することが
求められる。事案が与える影響に応じて、経営陣へのエスカレーション、業
務部門または営業店への応援体制を敷く等、組織横断的な対応も検討してお
くことが望ましい。

　再発防止策の検討では、前述のとおり“もぐらたたき”にならないよう事
案の再発防止策を検討すべきである。また、担当者の作業ミスを重視するあ

まり、ツールや事務マニュアルの瑕疵に気づけていないことも考えられる。事務の一連のプロセスを整理したうえで、真の原因を発見し、再発防止に向けた対応を検討すべきである。

　また、事務ミスによっては単に特定の顧客に迷惑をかけるだけではなく、金融機関の財務上の損失や、全社的な対顧客サービスレベルの低下につながるおそれもある。そのため、考えられる影響を考慮のうえ、BCPのシナリオとして事務リスクの発現時の対応を整理しておきたい。

### ◇外部委託先管理

　外部委託先管理のあり方については、「(4)①　サードパーティ・リスク」の部分で触れており、そちらを参照されたいが、特に事務リスクに限って付言すると、委託業務の開始時の委託先（再委託先も含む）のチェック、定期的な委託業務のチェック、事務ミスが起きた際の連携方法を事前に金融機関で整理しておくことが求められる。

### ◇分析・改善

　ある地域銀行では、特定の時期を境に事務ミス件数が増加し、根本原因の分析・改善策の検討が必要になった。その銀行では、営業店の役割見直しによる、店舗改装等が予定されていたこともあって、事務リスク管理部門担当者は早急に事務ミスの削減に向けた対応を経営陣より指示されていた。

　これを受けて、私たちは、2つの調査を実施した。1つは事務ミスデータベースに登録された事案の分析である。分析の結果、当該地域銀行では3つの問題点が確認された。

・繁忙日である5、10日、月末に事務ミスが多く発生していた
・事務ミスの件数、来店客数、事務量と社員数やカウンター数等に相関関係はみられず、特定の営業店に事務ミスが偏っていた
・投信・生保販売は特定の営業店に関係なく、事務ミスが多く発生していた
　次に営業店への実地調査を実施した。事務ミスデータベースの分析結果として、特定の営業店に事務ミスが多く発生していたことから、事務ミスの多い営業店を対象に調査した。その結果、事務ミスデータベースで確認された

3つの問題点の原因が確認できた。

・繁忙日にはロビーでの振り分けがうまくいっていなかった
・特定の営業店では、伝票をやりとりするBOXや、顧客への通帳等返却時のルールがあいまいであった
・投信・生保販売ではマニュアルが全店に浸透しておらず、担当者が独自の判断で対応していた

　こうした原因を突き止めたことから、この金融機関では、それぞれの問題への対応策を実施し、事務ミスの削減に成功した。

　このように、事務リスク管理部門担当者が単に営業店等の事務担当者から報告された事務ミスの内容を鵜呑みにするのではなく、自行庫の特徴、たとえば、営業店のレイアウト・ルール、販売商品・サービス、書類・システム等をふまえた分析を実施し、真の原因にアプローチ可能な改善策の検討が望まれる。

⑥　監　査

　他のリスクと同様に、業務部門および営業店、事務リスク部門とは独立した内部監査部門が定期的に監査することが求められる。ベースラインとして、規程類が法令に遵守しているか、規程類に規定された手順どおりに事務が執り行われているか、金融庁チェックリストの「実地監査用チェックリスト」に即した対応が行われているか等の確認は必須である。

　加えて、前項でも述べたとおり、自行庫の特徴、営業店の特徴に即した監査が求められる。たとえば、住宅地に位置する営業店、中心市街地に位置する営業店では、顧客層も異なるであろうし、大型店舗と中小規模の店舗とでは、店舗のレイアウトやルールも異なってくる。場合によっては顧客へのヒアリング等が有効な示唆を導出できる監査である可能性もあろう。こうした営業店ごとの特徴や商品ごとの特徴を加味した内部監査が行われることが望ましい。

⑦　経営改善への生かし方

　昨今、地域金融機関の多くは事務の効率化を目的に、紙の電子化、手作業

の自動化に取り組んでいる。なかにはRPA（ロボティクスプロセスオートメーション）をはじめITを活用した取組みも進んでいる。こうした取組みは事務ミスや不正の減少に役立つものの、事故が発生した場合には、特定の事務プロセスにとどまらず、連鎖して大規模な事務リスクが発現することにつながるおそれもある。事務の効率化を進める際には、それに伴い変化する事務リスクへの配慮が欠かせないだろう。

　重ねてではあるが、事務リスクを堅実にコントロールすることが、顧客の信頼の獲得、商品・サービスの安定的な販売、ひいては、全社の戦略実現に向けた基礎となる。こうした意識のもと、金融機関には、規程類の管理の高度化、定期的な業務の見直し・改善を行い、厳正に事務が行われるための対応が不可欠といえる。

### （4）　新たなリスク分類・リスク管理の視点

　従来、リスク管理の枠組みに組み込まれていないものの、近年注目されている非財務リスクの分類として、「①　サードパーティ・リスク」および「②コンダクト・リスク」を取り上げる。

#### ①　サードパーティ・リスク

　サードパーティ・リスクとは、金融機関やその顧客が業務委託先や提携先の内部管理の不備等により、直接的または間接的な損害を受けるリスクである。近年注目される背景として、フィンテックブームにより、金融機関が多様な外部の企業と、さまざまな方法で連携することが増加したことがあげられる。特に、事業部門の主導で外部のベンチャー企業と連携してITサービスを導入するといったケースでは、従来のシステム部門による一元的なIT管理の枠外で運営されるケースも多く、リスクの全量が把握できていないケースも多い。

　このようなリスクが注目を浴びた事例として、米国による華為技術（ファーウェイ）制裁があげられる。2019年５月以降、米国政府はファーウェイとその関連法人に対して、米国製の半導体を事実上調達できなくする輸出

管理規則を適用した。背景には、ファーウェイ製品が米国の市場にこれ以上浸透すると、情報システムを取り巻くサイバーセキュリティの脅威上のコントロール困難なほど高まるという、米国政府の懸念があったと思われる。事の真相は定かではないが、こうした事例は、自らの直接的なコントロールが及びにくい範囲（この例であれば、製品に組み込まれた一部の機能）にもリスクが潜んでおり、従来にもまして、時間的・地理的に広い概念でリスクをとらえる必要があることを示唆している。

　金融機関においても同種のリスクは多々存在している。たとえば、事務やシステムの運用・開発を外部委託しているケースでは、当該外部委託先との契約条項において情報管理の取決めを行い、定期的に遵守状況を確認するといった対応が普通であるが、サードパーティ・リスクの観点では、外部委託先の経営者の信頼性や再委託先の状況、外部委託先や再委託先で業務に従事するスタッフの属性等もリスクの要素としてとらえる必要がある。特に大規模システム開発等の場面においては、スタッフを一時的に大量雇用し、重要システムの開発の一部を担わせることも想定されるが、こうした臨時スタッフを通じて機密情報が漏洩した事案は内外で枚挙に暇がない。

　特に近年ではフィンテックの取組みにおいて、金融機関が新興企業と連携し、顧客情報を含む重要情報を共有して顧客サービスの向上に活用する動きが加速しており、こうした視点での対策の強化は必須である。また、フィンテックの取組みにおける新興企業との連携については、事業部門の主導で推進されるケースも多く、全社利用ITシステムのように、全社的なガバナンスのもと管理されていないケースが散見される。つまり、IT部門がシステム台帳でサーバーの設置場所やシステム停止時の代替手段、データのサプライチェーンについて網羅的に捕捉・管理するといった対応がとられていないことが多い。そのため、提携先に連携した情報が外国に設置されたサーバー上でひっそりと管理運用されており、そのことによるリスクに誰も気づいていないという可能性もありうる。また、メインサーバーが国内に設置されていても、バックアップサーバーの設置場所まで確認しきれていなければ、結

果的に金融機関の外部接続チャネルに脆弱性を生み出す可能性がある。

　金融機関における外部企業との新たな連携やサービス利用形態の多様化は時代の波であるが、では金融機関はどのようなチェックを施せばリスクをコントロールすることができるのだろうか。金融機関における具体的なチェックポイントとしては、まずは「経営陣の属性やコンプライアンス意識」「株主・資本関係（実質的支配者情報を含む)」「情報システムのセキュリティの状況」「意思決定の方法」「ビジネスモデル」「リスク管理態勢」全般を捕捉する必要がある。加えて、金融機関との間で連携される顧客情報を含むデータが「どこで保存されているか」「どこに流通しているか」を可視化しなければならない。前述した提携先企業等のサーバーが国外に設定されているケースで、実は政府機関がワイヤータップ（盗聴・窃取）などにより、国内に所在する企業の情報システム上のデータにアクセスすることが制度上認められている国だった、といった事態が起こらないよう、注意しなければならない。

　図表29は外部委託先企業において想定されるリスクの代表例を示しているが、業歴の浅い企業においては、経営者が頻繁に交代することや、「ラウンド」と称する第三者割当増資を通じて資本関係（株主、持分構成）が短期間にガラッと変わってしまうことが多々ある。また、金融機関側の情報管理態勢がいかに厳格なものであったとしても、顧客情報を連携する提携先企業における情報システムにセキュリティ上の瑕疵が存在する場合や、そもそも当局が要請するレベルのレギュレーション対応が施されていなかったとしたら、金融機関のリスク管理上の脅威となりうる。スタートアップでは、アイデアベースで事業規模拡大が志向される傾向が強く、ガバナンスやセキュリティの整備が遅れる可能性があることを念頭に、経営者そのものや経営の意思決定メカニズムを含めた全体像をふまえた、金融機関としてのリスクコントロールやチェックの機能が必要となるだろう。

　また、こうしたチェックは、一度確認して終わりではなく、継続的に実施することが肝要である。前述のように頻繁にラウンドが行われ資本関係が変

図表29　外部委託先企業で想定されるリスク

| 対　象 | 想定される事象 |
|---|---|
| 経営陣 | ✓経営陣のコンプライアンス意識が希薄<br>✓公私の峻別がついていない |
| 株主・資本関係 | ✓知らない間に株主が代わっていた／増えていた<br>✓怪しげな企業と提携していた |
| 情報システム | ✓情報システムの運用が不安定でトラブルが多い<br>✓情報システムのセキュリティに課題がある |
| 意思決定 | ✓少数の幹部が複数部門を兼務で所管しており牽制機能が発揮されない<br>✓実は外部の第三者によって会社の意思決定が支配されていた |
| ビジネスモデル | ✓ビジネスモデルが陳腐化する（他社が同様のビジネスを実践してしまう）<br>✓導入予定もしくは開発していた技術が実現されない<br>✓想定していた収益を確保することができない<br>✓第三者との間で知的所有権をめぐるトラブルが発生する |
| リスク管理 | ✓そもそもリスク管理がなされていなかった／脆弱性が存在していた<br>✓経営層のリスク管理の意識が希薄だった |

（出所）　NTTデータ経営研究所作成

わる可能性もふまえ、相手先企業についての最低限必要な情報を収集しなければならない。図表30には、継続的なチェックの視点をふまえ、提携先企業の初期監査および定点監査のチェック項目を例示した。

　金融庁が2019年8月に公表した金融行政方針においても、フィンテック企業を含めた外部提携先との連携における新たなリスクについて言及がなされている。米国におけるファーウェイの例のように、何かのきっかけでこうしたリスク対応の枠組みが急に適用され、当局から態勢不十分との指摘や処分を受けかねない事態も想定し、金融機関側での先手の対応が求められる領域である。

図表30　提携先企業の継続的なチェックの視点

| 提携先企業の初期監査 | 提携先企業の定点監査 |
| --- | --- |
| □ビジネスモデルの有意性確認<br>　✓技術評価<br>　✓事業計画の評価<br>□情報システム<br>　✓開発状況<br>　✓セキュリティアセスメント<br>□意思決定メカニズムの状況<br>　✓意思決定のプロセス<br>　✓関連規程類の整備状況<br>□兼務の状況<br>　✓牽制機能の実効性を検証<br>□他社との資本提携・連携状況<br>　✓提携先企業も資本関係、株主属性<br>　　などを漏れなく確認<br>　✓他社への再委託状況の確認 | □定点観測によるリスク管理<br>　✓株主の変化<br>　✓提携先企業の変化<br>　✓システム開発の状況変化<br>　✓再委託の状況変化<br>□セキュリティ運用状況<br>　✓物理的対処の状況<br>　✓非物理的対処の状況<br>□当局レギュレーションへの準拠<br>　✓レギュレーションへの対応状況<br>　✓企業の対応意識<br>□規程類整備状況<br>　✓リスク管理の手順化状況 |

（出所）　NTTデータ経営研究所作成

## ②　コンダクト・リスク

　コンダクト・リスクとは、金融機関の役職員等が顧客等の期待から逸脱した行為を行い、それが明るみになることで、金融機関自体のレピュテーションや収益に影響を受けるリスクである。近年、金融機関の役職員による個人的または組織的な不正・ミスコンダクトにより、さまざまな事件や事故・不祥事が相次いでいるが、いずれも金融機関のレピュテーションを毀損し、経営に大きな打撃を与えていることが特徴である。コンダクト・リスクは、一般には「企業やその役職員による行動により、顧客や企業を取り巻くステークホルダーの利益を侵害するリスク」などと定義されることが多いが、必ずしも世界的に共通した認識が形成されているわけではない。金融庁「コンプライアンスリスク管理に関する検査監督の考え方と進め方」においてもこの点について言及があり、現状では「盲点となっているリスクがないかを意識する」ことに、コンダクト・リスク管理の意義があると解説されている。

金融庁によるコンダクト・リスクの説明は以下のとおりである。

「近時、コンダクト・リスクという概念が世界的に注目されている。このリスクについては、まだ必ずしも共通した理解が形成されているとは言えないが、リスク管理の枠組みのなかで捕捉・把握されておらず、いわば盲点となっているリスクがないかを意識させることに意義があると考えられる。そのようなリスクは、法令として規律が整備されていないものの、①社会規範にもとる行為、②商慣習や市場慣行に反する行為、③利用者の視点の欠如した行為等につながり、結果として企業価値が大きく毀損される場合が少なくない。そのため、コンダクト・リスクという概念が、社会規範等からの逸脱により、利用者保護や市場の公正・透明の確保に影響を及ぼし、金融機関自身にも信用毀損や財務的負担をもたらすリスクという点に力点を置いて用いられることもある。

コンダクト・リスクが生じる場合をいくつか類型化すれば、金融機関の役職員の行動等によって、①利用者保護に悪影響が生じる場合、②市場の公正・透明に悪影響を与える場合、③客観的に外部への悪影響が生じなくても、金融機関自身の風評に悪影響が生じ、それによってリスクが生じる場合等が考えられる。

従来から、金融機関は、その業務の公共性や社会的役割に照らし、利用者保護を徹底するとともに、市場の公正・透明性確保に積極的に寄与すべきと考えられてきた。したがって、コンダクト・リスクは、金融機関に対する上記のような社会的な期待等に応えられなかった場合に顕在化するリスクを、新しい言葉で言い換えているにすぎないと考えることもできる。」

（出所）　金融庁「コンプライアンスリスク管理に関する検査監督の考え方と進め方」

ただし、従来のリスク管理が、主に「自社」への損害に着目していたのに対し、コンダクト・リスクは、①顧客やステークホルダーといった「社外」に着目していること、②（顧客やステークホルダーの利益を著しく侵害しレピュ

テーションを棄損する等）リスクが顕在した場合の影響（損失）は青天井となる可能性があること、③（他の非財務リスクと同様に）定量化・計測の手法が確立されていないことが特徴としてあげられる。

　金融庁「コンプライアンスリスク管理に関する検査監督の考え方と進め方」による解説のとおり、金融機関自身の公共性や社会的役割に照らせば、従来からコンプライアンスやフィデューシャリー・デューティーの文脈において、各行庫で意識して取り組んできたリスクではあるものの、これをリスク管理の枠組みに取り込み、有効なリスク低減策を講じるにはどう対応すればよいのだろうか。この問いに応えるためには、そもそも「何をコンダクト・リスクとしてとしてとらえるか」、すなわちリスクの特定から議論を始める必要がある。

　本書では、コンダクト・リスクを「とらえる」作業の一例として、過去のミスコンダクト（不適正、不品行）の事例から、その要因や対策を分析する手法を紹介したい。

　金融庁ホームページの「行政処分事例集」には、金融機関に対して行政処分が行われた過去のミスコンダクトの事例がまとめられており、各事例を参照することが可能である。しかし、なぜミスコンダクトが発生したのかの要因や対策の分析といった次のステップに進むうえでは、なんらかの「整理の枠組み」が必要である。

　日本銀行は、コンダクト・リスクを「顧客保護」「市場の健全性」「有効な競争」の３つの視点から整理する考え方を英国金融当局（FCA）の定義を引用して紹介している（図表31参照）。

　ここでは、この「顧客保護」「市場の健全性」「有効な競争」の３つの視点から、金融庁による行政処分の事例を基に、ミスコンダクトを起こした業務プロセスや考えられる要因について整理してみたい。

　まず、「顧客保護」の視点であるが、事例としては、金融機関の職員自身が審査関連書類の改ざんを行い本来は融資を受けることができない顧客に融資を実行した事例、サイバーセキュリティ対策が不十分であり顧客の情報資

**図表31　英国金融当局（FCA）によるコンダクト・リスクの定義**

（参考1）　コンダクトリスク

> □英国金融当局（FCA※1）は、「顧客の正当かつ合理的な期待に応えること
> を金融機関がまず第一に自らの責務としてとらえて、顧客への対応や金融機
> 関同士の行動や市場での活動で示すこと」を金融機関に期待されるコンダク
> トとして定義。
> □「顧客保護」、「市場の健全性」、「有効な競争」に対して悪影響を及ぼす行為
> が行われるリスクをコンダクトリスクとして定義している。※2
>> ※1　FCA（Financial Conduct Authority 金融行為監督機構）：国際金融危機を契機に英
>> 国において、金融サービス機構（Financial Service Authority：FSA）の解体を含む金
>> 融監督システムの見直しのなかで、新たに金融サービス分野における業務行為に関し
>> て責務を負う監督当局として創設。
>> ※2　Journey to the FCA October 2012

（出所）　日本銀行金融機構局　金融高度化センター資料「オペレーショナルリスク管理
　　　　態勢の整備」より抜粋

産が流出した事例、保険会社の販売代理店の職員が顧客から本来必要な保険
料を超えて過剰に徴求した事例等がある。次に「市場の健全性」の視点で
は、職務上知りえたインサイダー情報について、内外の本来は当該情報を知
りうる立場にない関係者（顧客）に漏らした事例があげられる。最後に「有
効な競争」の観点では、反社会的勢力への融資実行や制度融資の悪用の事例
等がある。

　こうした分類を行った後、それぞれについて「ミスコンダクトを起こした
プロセス」「ミスコンダクトの実行者」「実行者の主たる管理者」「要因」の
軸で整理した結果が図表32のとおりである。

　「要因」については、それぞれ複合的ではあるものの、大きくは図表33の
ように分類できる。

◇**チェック機能を果たすシステムやツールの不足**

　たとえば、保険料の過剰徴収や反社会的勢力への融資については、システ
ムやツールによるエラーウォーニングやスクリーニング等、処理を止めるプ
ロセスが完備できていれば、人間による不適正行為が介在する余地はなかっ
たであろう。また、融資審査書類の紙による手続においては、手続のプロセ

図表32　コンダクト・リスクの事例分析

| 視点 | 参考とした事例 | ミスコンダクトを起こしたプロセス | ミスコンダクトの実行者 |
|---|---|---|---|
| 顧客保護 | ・審査関連書類の改ざん事案<br>（銀行等）<br>※複数事案を対象とした | ✓融資審査手続時 | ✓営業担当者 |
| | ・サイバー攻撃（暗号資産） | ✓営業時間帯 | ✓システム部門責任者 |
| | ・保険料の過剰徴収（保険） | ✓保険料徴求時 | ✓請求担当者 |
| 市場の健全性 | ・インサイダー取引（証券） | ✓投資家との折衝時 | ✓リサーチ部門担当者 |
| 有効な競争 | ・反社組織への融資（銀行等） | ✓反社チェック時 | ✓営業店事務担当者or本部審査部門担当者 |
| | ・制度融資の悪用（銀行等） | ✓年間目標の設定 | ✓事業部門責任者 |

（出所）　金融庁の行政処分の事例からNTTデータ経営研究所作成

スにシステムやツールによるチェックがなければ、たとえ複数人にわたる稟議のプロセスがあったとしても、組織的なミスコンダクトにより不適正な行為を抑止できない可能性があるだろう。

　こうしたケースについては、従来の事務リスクのコントロール手法と同様、ミスコンダクトが入り込む余地のないよう、検知の仕組み（システムやルール、事務フローの見直し、監査等も含まれる）を構築することでコントロールが可能である。

◇顧客等とのやりとりが**不透明**であり、**検知・牽制機能**が働いていない

　たとえば、自身の外部からの評価や組織内での昇給／昇格への欲求により、外部の顧客や社内他部署の関係者に秘密情報を漏洩するケース、自身の

| 実行者の主たる<br>管理者 | 要　因 |
|---|---|
| ✓営業店の管理者 | ・営業ノルマへのプレッシャー<br>・他担当者からの同調圧力<br>・顧客のためになるであろうと、担当者が行動を勝手に<br>　正当化<br>・融資審査書類の紙による手続 |
| ✓経営層 | ・自身の技術力への過信<br>・システムの監視機能の不足 |
| ✓請求担当部署の管理者 | ・既契約に関する手続のチェック漏れ<br>・保険料試算ツールのメンテ漏れ |
| ✓リサーチ部門の管理者 | ・外部からの評価への欲求・昇進／昇格の欲求<br>・顧客のためになるであろうと、担当者が行動を勝手に<br>　正当化 |
| ✓営業店の管理者<br>✓審査部門の管理者 | ・営業ノルマへのプレッシャー<br>・反社チェック機能の不十分さ |
| ✓経営層 | ・関係省庁との関係性を強く意識<br>・営業店への過度な営業ノルマの設定 |

組織内での立場や業務の要請をふまえて顧客等に虚偽の伝達や不誠実な対応をとるようなケースが想定される。顧客等との折衝の内容が、顧客等と職員の関係に閉じられており、外部から客観的な検証・牽制を受ける機会がないことが、ミスコンダクトを可能とする土壌になっていると考えられる。

　こうしたケースについては、顧客等との折衝をモニタリングする仕組みが必要となるだろう。実際に、コールセンターにおいて、顧客折衝の内容を記録・報告する仕組みを導入し、対応内容を分析し、不適正の検知・予防に活かしている金融機関もある。

◇**職員自身が意図的にルールを逸脱している**

　たとえば、営業ノルマのプレッシャーや、組織内の他の担当者からの同調

圧力、自身の能力の過信等から、本来完備されていたチェック機能を意図的に回避またはチェック結果を改ざんし、不適正な行為を実行するケースが該当する。背景には、第2線による牽制機能や第3線による内部監査機能における瑕疵、上長や同僚などによる内部牽制機能の欠如、といった問題はあるものの、根本的な原因としては職員自身の認識に帰着するだろう。過去の事例報告などによると、「違反行為である認識がない」または「違反行為である認識はあるが、顧客に迷惑をかけていないため問題ない」といったような、広義のコンプライアンスやコンダクト・リスクについての認識が不足していることが多く指摘されている。

こうしたケースについては、従来の概念的なコンプライアンス教育ではなく、自行庫の各業務場面を想定し、具体的に起こりうる事例を組み込むなど、教育を受ける立場の人間がよりリアリティを感じられるコンテンツを企画する等の対策が必要だろう。ふだんは何気なく対応している業務が、「顧客保護」「市場の健全性」「有効な競争」の各観点から、本当にまったく問題がないのか、「聖域」を設けることなく取り組む必要がある。

◇金融機関としての意識の欠如

たとえば、金融機関全体の方針として、営業店への過度なノルマ設定が当然とされているケースや、またそのようなノルマを前提に管理職が部下にパワハラまがいのマネジメントを行うことが通常のこととして受け入れられているようなケースが該当する。「違反行為である認識がない」「違反行為である認識はあるが、顧客に迷惑をかけていないため問題ない」という認識が共有され、場合によっては、過度なノルマやパワハラまがいのマネジメントが、「企業の発展や存続、従業員教育の視点から望ましいことである」と認識されているケースも散見される。

こうしたケースについては、従業員教育の枠を超えて、企業理念やポリシーに基づく、企業人または金融パーソンとしての求められる「思考」や「振る舞い」といった、より抽象的な価値観を根付かせることに力点を置いた教育が必要であろう。

図表33　コンダクト・リスクの要因と原因の分類

| 要因（並び替え） | 原　因 | 課題の分類 |
|---|---|---|
| ●融資審査書類の紙による手続 | システム等、ツールの不足 | ミスコンダクト検知に向けた仕組みの検討 |
| ●保険料試算ツールのメンテ漏れ | | |
| ●システムの監視機能の不足 | | |
| ●反社チェック機能の不十分さ | | |
| ●外部からの評価への欲求・昇進／昇格の欲求 | 顧客とのやりとりの不透明さ | 顧客との折衝の監視 |
| ●顧客のためになるであろうと、担当者が行動を勝手に正当化 | | |
| ●営業ノルマへのプレッシャー | 職員のルールの逸脱 | 職員教育の徹底 |
| ●他担当者からの同調圧力 | | |
| ●既契約に関する手続のチェック漏れ | | |
| ●自身の技術力への過信 | | |
| ●関係省庁との関係性を強く意識 | 金融機関としての意識の欠如 | 銀行員としての意識醸成 |
| ●営業店への過度な営業ノルマの設定 | | |

（出所）　NTTデータ経営研究所作成

　こうしてミスコンダクトの原因や考えられる対応の分類を洗い出すことで、リスクの特定・評価・低減措置の外観が整理できてくるが、「システム等ツールの不足」を除くと、いずれも従業員の意識や組織の人間関係・風土といった、抽象的な要因が関係することがわかる。このような「つかみどころがない」リスクについて、現実的にどのように管理していけばよいのだろうか。「従業員教育が大事」だとしても、その有効性をどのように評価し、改善していけばよいのだろうか。

　1つの方法としては、アンケートによって組織や従業員の「内面」を定量化する方法が考えられる。たとえば、「審査関連書類の改ざん」というリスクの背景に、「営業ノルマへのプレッシャー」があると考えた場合、営業ノルマにどの程度のプレッシャーを感じているのかを全職員向けアンケートにより定量的に捕捉し、改ざんリスクを低減するための管理指標としてこれを利用することが考えられる。コンプライアンス教育の強化と並行し、定期的にアンケートを実施したうえで、数値変化を追い続け、リスク低減効果があ

るかを検証し、教育のコンテンツや頻度等を見直していくことが求められる。

　また、将来的にはAIやビッグデータ等のテクノロジーを活用し、より科学的な視点からミスコンダクトを起こしやすい組織や従業員の「内面」を定量化し、フォワードルッキングに異常行動を予知・予防するといった未来像も想定される。ただし、こうした研究は緒に就いたばかりであり、金融機関実務への実装にはかなりの時間を要すると思われる。

　地域金融機関における当面の対応としては、まずは金融庁「行政処分事例集」等を参考に、自行庫の各業務場面におけるコンダクト・リスクの事例を「想定して洗い出す」作業が必要である。次に、金融庁のディスカッションペーパー（「コンプライアンスリスク管理に関する考え方と進め方」）等を参考に、想定される個々の事例について、「経営の理解促進」「人材育成」「３線モデル」「リスクベース・アプローチ」「内部監査」等、非財務リスクに共通的な管理手法やフレームを活用して、「リスク低減が十分であるか」「不足する視点はないか」を検証し、必要な手当を講じる。

　ただし、こうした態勢面に着目するアプローチでは限界があるので、前述したアンケートやAIの活用等、独自のリスク評価・管理手法についても研究・試行錯誤が望まれる。

# 第5章

# モディファイドRAFの
# 構築に向けた視点

# 1 オペレーションからみたモディファイド RAFの全体像

　これまで述べてきた地域金融機関におけるRAF構築の課題について、いま一度、リスク種別やプロセスの視点から整理しておきたい（図表34参照）。

　まず、リスク計測の基になるデータの収集・管理であるが、財務リスクでは、市場リスクや信用リスク等カテゴリーをまたぐ広範なデータをいかに効率的に収集・管理するかが課題であった。取得タイミングや頻度の異なるデータを効率的に収集する態勢・プロセスを確立することは、ストレステストを含め、適時的確なリスク管理・経営管理を行ううえでは必須となる。解決の手法としては、アウトプットの作成に必要なデータを統一的に格納するデータベースの構築などは検討に値する。

　たとえば、ALM委員会資料の作成に必要な金融市場に関するデータや経済に関するデータ、自行の取引先や保有銘柄をオンデマンド等の方式で取得できる統一的なデータベースを構築できれば、取得の負荷は一気に軽減できる。ファンドの保有銘柄に関するデータを業界横断ソリューション等から取得できれば、各行個別で行っていた業務が全体として軽減できることも期待できる。第3章では「ユーティリティ」として、規制対応やリスク管理で負荷がかかりがちな業務を「外部化」する動きに触れたが、データ取得についても構築の余地は十分ある。

　他方、非財務リスクについては、取得の負荷といった財務リスクと共通する課題はもとより、定量化自体が金融機関にとって新たな取組みとなるため、取得すべきデータの範囲や、テキスト（文章）等になりがちな非構造データをいかに構造化させるか等、そもそもの検討課題が多岐にわたる。解決には、横連携という地域金融機関の強みを活かし、たとえば、共同研究といったかたちで、各行ノウハウを拠出する場を設けることが一助となろう。

図表34　オペレーションにみたRAF構築における課題

| | データ | 計測 | レポーティング |
|---|---|---|---|
| **財務** | 【課題】<br>・リスクカテゴリーをまたいだ効率的なデータ収集<br>・コーポレートアクションや、複雑な商品の時価・明細情報の取得 | 【課題】<br>・複数のExcelやマクロに伴う計測の負荷（各種規制値、ストレステスト） | 【課題】<br>・効果的な経営向け報告<br>・効率的な当局報告 |
| **非財務** | 【課題】<br>・必要となるデータが不明<br>・必要となるデータの蓄積不足<br>・データの構造化 | 【課題】<br>・計測・定量化手法自体が確立されていない | 【課題】<br>・効果的な経営向け報告 |

（出所）　NTTデータ経営研究所作成

　非財務リスクは、顕在化した際の損害・損失が大きい一方で、低減策を打ったとしても完全にゼロにすることはできない。共同研究においては、定量化の手法だけでなく、効果的な低減策を検討することも有用と考える。

　次に、リスクの計測であるが、財務リスクについては、計測の手法自体は相対的に確立されているものの、IRRBB（銀行勘定の金利リスク）の計算や、今後求められるかもしれない期待ショートフォール等、計測すべきリスク指標は複雑化している。これらはベンダーが提供するサービスにより、一定の自動化はなされているが、ベンダーの提供する定型的なサービスだけでなく、各社固有の業務については、RPAの活用も視野に入る。RPA自体は営業店事務等、定型化・標準化された業務と相性がよいが、規制上計測が求められるリスク指標は、算出式が定義されていることが多い。リスク管理・経営管理において最も重要なのは、得られた結果をどう評価するか、実際のアクションにどうつなげるかという「判断」にあるとする私たちの視点からは、こと人員・リソースに限られる地域金融機関においては、計測のための作業負荷をいかに効率化するかが課題である。非財務リスクにおいては、計

測手法自体が確立されていないものが多く、データの収集・管理と同様、計測手法についても引き続き研究が必要となろう。

　最後にレポーティングであるが、財務リスクと非財務リスクに共通して、経営層等の社内関係者への効果的・効率的な報告に工夫が必要である。足元では、クリック１つでグラフの内訳や寄与度等柔軟に表示できるテクノロジーが開発されているが、現場と経営層、部門同士の議論を活発化させるには、こうした最新技術の活用も視野に入れる必要があろう。たとえば経営層向け報告は、「紙」でなされることも多いと聞く。レポーティングにおける課題が現場から経営への一方向のみになりがちと考える銀行においては、双方向での議論を喚起する「仕掛け」を検討する必要がある。

　なお、レポーティングには経営層向けだけでなく、当局や業界団体といったステークホルダーに向けたものもある。RegTech（Regulation Technology）やSupTech（Supervisory Technology）等とも称されるが、定型化された数値・報告については、同じく業界横断ソリューションを活用することも視野に入れるべきと考える。

　以上の整理をふまえると、財務リスク・非財務リスク共通の課題として、人員・リソースの不足を背景とした効率化・効果的な運用・管理が、非財務リスクの課題として、計測・定量化手法の確立がRAF構築において避けられない課題であることがわかる。

　各章においてもたびたび言及している視点ではあるが、本章ではモディファイドRAF構築の視点として私たちが特に重要であると考える２つの視点、「⑴業界団体を中心としたリスク管理態勢のスケルトン共通化」「⑵リスク管理における顧客視点の導入」をあらためて提唱しておきたい。

# 2 業界団体を中心としたリスク管理態勢の スケルトン共通化

　巷間、メガバンクや地銀に負けじと、信金・信組でもデジタル化への取組みが進展している。しかしながら、サイバーセキュリティやサードパーティー・リスクが課題となっている昨今、内部リソースが限られている多くの地域金融機関においては、単独では当局が期待するような高度な統制メカニズムを個別に実装することは容易ではない。このため、デジタル化に向けた共同組織の設立や業界団体を軸にした共助による機能高度化を目指すことが求められている。

　実はRAFの構築においても同様の視点を打ち出すことが有意義である。中小の地域金融機関が単体でこれまで述べてきたようなあらゆるリスクへの対処方針を検討し、対策を策定することは現実的ではない。

　2019年8月28日に公表された金融行政方針をみてみよう。金融機関における不正融資などを念頭に、前年度の金融行政方針では内部不正への対応のほか内部監査に相応のページを割いていた。さらに、2020年のオリンピック・パラリンピック東京大会を見据えたサイバーセキュリティ対策と、2019年10月に第4次対日相互審査を控えたアンチマネー・ローンダリングを念頭にFATF対応が、それぞれ金融業界共通の課題としてピックアップされていた。

　これに対して、2019年度の新金融行政方針をみると、ポイントは大きく5つに絞られる。

- ✓金融デジタライゼーション戦略の推進
- ✓多様化する利用者ニーズへの対応
- ✓顧客本位の業務運営の実践
- ✓コンプライアンスリスク管理の高度化

✓役職員の各階層および社外役員の機能向上

デジタライゼーションを強力に推進してきた金融庁のスタンスには、実は2018事務年度版から変化がみられていた。前2017事務年度では「デジタル化の推進」にすぎなかったものが、2018事務年度ではデジタル化に伴うリスクへの配慮をにじませる表現となっていたためだ。これには当時仮想通貨事業者において相次いだ不正流出事案が影響していたとみられる。

他方、デジタル化というよりも「データ」そのものの価値に重きが置かれ、「データ戦略は金融サービスを提供するプレイヤーのビジネスモデルに多大な影響を及ぼしてきている」としたうえで、データ利活用の積極的な推進を打ち出しているのが特徴的である。

金融庁が、信金・信組におけるセキュリティ対応力の底上げを推進しているにもかかわらず、多くの地域金融機関がその前段階にある「セキュリティマニュアル」をはじめとした規程類の策定やそもそもの管理方針検討に手こずっているのが実態である。なかには業界団体が例示した参考様式をそのまま利用した結果、「自行庫に固有のリスク」のアセスメントが抜け落ちていたり、そもそも自行庫の組織構造ではとりえない対応手順が規程類や手順のなかに取り込まれていたりもするのだ。

金融庁では2016年から業界横断的なサイバーセキュリティ演習「DeltaWall」を開催しているが、金融機関側の行動手順が詳細に定義されていない場合、必要な行動が再現できない可能性が高い、といった課題が指摘されているようである。

サイバーセキュリティだけではなく、信金・信組のリスク管理規程類全般にこのような傾向が確認されており、なかには、数年前に策定したまま組織変更も反映されずに放置されたままという規程類も見受けられる。加えて規程間での整合性も確保されていないケースも後を絶たず、「どちらの記載が正しいのか」といった指摘を外部機関から受けるケースも珍しくないという。組織をあげた規程類全般にわたる本格的な見直しが求められよう。

昨今、地域を所管する財務局は従前にも増して信金・信組への対応を強化

しているように見受けられる。結果としてより密度の濃い水平レビューや現状把握調査が実施されるなど、業界には多くのプレッシャーが加わっている。業態を問わず同一の水準での技術的対応や内部管理態勢の整備が求められるサイバーセキュリティなどについては、対応に必要な人的リソースの確保や設備投資を欠かすことができず、信金・信組などにとってはレギュレーション対応上のハードルとなっているためだ。

地域経済の「守り刀」としての存在が期待される信金・信組では、常に地域経済の成長や企業育成に一定程度の経営リソースを割かれる状況にある。だからこそ、複数の金庫・組合が共同で同一の経営課題に取り組む「共助」についても、人的負荷軽減効果だけでなく、投資コストを按分させる有効な解決策となる。

2014年、北海道内に当時23信用金庫(当時)は、共通的な課題解決に資することを目的に、横断型BCP(事業継続計画)策定スキームを生み出した。ワーキング形式による共通的な対応手順の導出に加え、有事の際には他の信用金庫の被害程度に応じて支援要員を派遣するほか、不足物資を融通し合う等の枠組みが検討され、業態初の試みとして当時の日銀支店長会議においても有意事例として紹介された。続く2015年にも情報システムの復旧対応手順を定めた「IT-BCP」の共通化にも取り組むなど、その後も道内金庫ではこの枠組みを発展させている。

デジタル化を推進する際には、限定されたリソースのなかで、地域金融機関間で投資コストを按分しつつ、最適な管理態勢を構築することを念頭に置いた事務対応の共助は、今後も有効な手立てとして注目されている。


業界における共通的な課題の解決、とりわけ技術的な側面での対応については、業界団体を中心とした解決策の導出を常態化させ、それらをアウトプットとして共有するような仕組みも有効だ。わが国では情報システムの外部化から先行し、現在では9割以上の信金・信組が勘定系の共同システムを利用している。ただし、同様の本部・営業店事務を実践しているにもかかわ

らず、事務領域での共同化は進展してこなかったのが実態だ。

　そのようななか、2018年の秋から2019年3月にかけ、一般社団法人しんきん共同センターによる「しんきん共同システム」利用金庫向けFATF対応事務の共同化検討が実施された。しんきん共同センターでは、信用金庫システムの共同化に加え会員金庫向けの新たな付加価値創出を企図して、会員金庫における共通的なFATF対応に望まれる事務手順をデザインし、リスク評価書の作成に必要な要点を示した手引書を策定したほか、内部監査向けには監査チェックリストを取りまとめた。さらには複数の金庫の協力のもと、営業店におけるマネロン対策に求められる事務レベルの手順書の整備を参考様式として提供するなど、会員金庫向けにITシステムに加え「共通事務デザインの支援機能」を提供することに成功している。

　これは一例ではあるが、FATF対応という特定リスクへの対処1つとっても個別金融機関での対応には無視できないほどの温度差が出てきていたことは事実である。個々の金融機関のリスク管理態勢の底上げを図るうえでは、業界全体を俯瞰した共通的なリスク管理態勢の基盤構築が有効と考えられる。

　すでに市場性リスクをはじめとした定量的なリスクの捕捉や管理方針などについては、従前より金融当局が丁寧に指導を続けてきたことも奏功し、総じて多くの金融機関においてその対応は一定レベルにまで到達しているものとみられる。RAF構築を効果的に推進するうえでも、個々の金融機関任せにするのではなく、業界団体などを中心に共通的な因子をピックアップしたうえで、管理方針や対応内容のスケルトンを個々の金融機関に提供する、といったスキームが現実的な解ではないだろうか。とりわけ、非財務リスクの管理に向けた検討には時間も要員もコストも要することは明確であり、各金融機関の個別プラクティスの転用による集約効果を導出しやすいことだろう。

　このように、特定リスクへの対処方針を検討するうえでは、金融機関でボトルネックとされがちな経営リソース、とりわけ人的資源を有効に活用する

ことを目的に、複数の金融機関が共同で共通課題に取り組み、人的負荷の軽減を図るとともに投資効率を最大化する取組みを指向することはきわめて有効な対応策となろう。さらに今後は、こうした業態内での取組みを加速させるための中央機関・団体の支援態勢のいっそうの充実にも期待したいところだ。

## 3 リスク管理における顧客視点の導入

　2013、14年頃に始まった大手金融機関での取組みにならい、地域金融機関においてもRAFの取組みは加速している。契機となったのは、2019年6月の「中小・地域金融機関向けの総合的な監督指針」といえるだろう。当該文書が公表される前と後とでは地域金融機関の取組みには変化があった。地域金融機関の間でRAF構築の機運が日に日に高まっているのは強く実感しているが、私たちが対話のなかで感じるのは、どうも自行庫の視点が強すぎる、裏返せば顧客の視点が希薄ではないかという点である。また、外資系金融機関やメバガンク等の枠組みをそのまま当てはめたため、概念的・形式的な整理にとどまり、経営管理のツールとして活用できていないケースも散見される。

　銀行はかつて「晴れた日には傘を貸し、雨が降ったら傘を取り上げる」と揶揄された時代があり、その姿勢は2000年頃の貸渋りや貸剥がしで最も顕在化したといえる。自己資本比率をはじめとするさまざまな金融規制の強化により、「コンプラ疲れ」もささやかれた現場であるが、このような環境でもお客様と取引があることで銀行ビジネス・経営が成り立っていることは忘れてはいけない。

　RAFについては統合リスク管理と何が異なるのかと問われることがしばしばある。リスクを「取る」という攻めの観点があることは第1章で述べた

とおりであるが、私たちは、顧客との取引があってビジネス・経営が成り立っている、金融機関の都合で顧客に迷惑・損害をかけてはいけないという視点が本当のRAFの要だと考えている。折しも「顧客本位の業務運営」等、わが国当局も顧客を守る・育む姿勢を鮮明にしてきており、直近では、「利用者を中心とした新時代の金融サービス〜金融行政のこれまでの実践と今後の方針〜（令和元事務年度）」（https://www.fsa.go.jp/news/r1/20190828.html）にもみることができる。

　自行庫の損失を可能な限り抑制することも顧客に損害を与えないことにはもちろんつながるが、B/S上にはエクスポージャーが計上されない、たとえば、異常気象や自然災害、サイバー攻撃といった定量化・可視化がむずかしいとされるリスク因子についても、配慮・想定ができるのが、「地域の顧客を守る・育む」使命を担う地域金融機関にとっては大事である。


　繰り返しとなるが、地域の持続的な発展に責任を有し、地域の顧客と運命をともにする地域金融機関において、「顧客」のリスクを把握・管理する視点は欠かすことができない。一例をあげると、ある地域金融機関の営業エリアは冬になるとスキーに適する積雪に恵まれ、毎年多くの観光客でにぎわっていた。ところが、数年前には、記録的な暖冬による雪質の悪化で観光客が激減し、観光業や飲食店は大打撃を受けた。そのネガティブな影響の大きさは、この地域金融機関として軽視できるものではなかったが、リスク管理の枠組みに「暖冬」による「顧客」のリスクは組み込まれていなかった。

　従来、リスク管理における「顧客」の視点は、管理態勢の枠組みにおいて見落とされてきた。しかし、今後リスク管理を経営管理の枠組みに組み込んでいく、すなわちRAFを構築するうえでは不可欠である。

　では、このような顧客のリスクをどのように評価し、管理すべきだろうか。

　まずは、外部起因・内部起因にリスク要因を分解したうえで、自公庫の営業基盤の特徴をふまえて、どのようなリスクが想定されるかを検討する、つまりリスクの特定から始める必要がある。金融機関ごとに地域の顧客が負う

リスクは異なるので、他行庫の事例をそのまま参照するのではなく、営業基盤を意識した評価作業を実施する必要がある。

次に、それらのリスクが顕在化した際に顧客にどのような影響が生じうるかを検討する（リスク評価）。先の例であれば、「暖冬」による観光業や飲食業の営業損失をシミュレーションする作業が想定される。

リスクの評価ができれば、リスクの特性や大きさに応じたリスク低減策を検討する。たとえば、「顧客のリスクをヘッジする商品を開発・提供する」等が考えられる。最後に、こうした取組みについて金融機関の広報部門も巻き込んで対象顧客だけでなく広く地域に周知させることで、取引先の拡大（収益化）を図ることも忘れてはならない（図表35参照）。

先にあげた「暖冬」の例以外にも、本モデルを用いることで、さまざまなリスクの把握・管理が可能となる。

たとえば、主要活断層を抱えるエリアであれば大規模震災のリスクが想定される。当然自行庫も震災の影響を受けるが、同様に、顧客企業も甚大な打撃を受けることを想定し、過去のわが国における震災発生時の地域経済への影響や顧客の事業内容、ハザードマップ等を活用し、顧客企業が負うであろう営業損失を試算する。リスク低減に向けた方策としては、本業支援の一環として、顧客にBCP機能強化のコンサルティングを行うことや保険機能を組み込んだローン商品などを開発・提供することが考えられるだろう。

そして、2020年に発生した新型コロナウイルスの大規模流行とは、金融機関にとって「パンデミック」が、めったに起こらないが、もし発生すれば顧客や地域に甚大な損害をもたらすリスクであることを認識させた。モディファイドRAFにおいて、たとえば、パンデミックリスクの対象となる特定感染症が大規模に流行し、その災禍が営業地域を襲うケースを想定する。政府が緊急事態宣言を発令した場合、自行庫がどの程度の金銭的損失を甘受せねばならないのか、といった視点で、自行庫が短期的に被る一次被害額と営業継続が困難となる期間を考慮した逸失利益（機会損失）を算出する。他方、営業エリアの顧客が被ると予測される金銭的損失も簡便的に算出することが

図表35　顧客リスクの管理プロセス

| プロセス | 顧客が負う リスクの特定 | 顧客が負う リスクの評価 |
|---|---|---|
| タスク | ✓営業基盤を共有する顧客が負うであろうリスクを導出 | ✓リスクの大きさについて、リスク顕在時の顧客の損害等から評価 |
| （例）異常気象（暖冬等） | ●営業基盤において、特定の時期の気候が、例年と大きく異なる可能性の評価 | ●当該の気候により、対象顧客が負うであろう営業損失のシミュレーション |

（出所）　NTTデータ経営研究所作成

　大切だ。この場合、緊急事態宣言が発令された結果、営業エリア内の融資先企業のどの程度がどのくらいの期間にわたって営業停止を余儀なくされるか、といった視点で自行庫と同様の試算を行えばよい。このように、モディファイドRAFの概念を持ち込んだパンデミックリスク対応においては、「自行庫」に加え「顧客」の視点でのリスク評価が欠かせない。

　次に、事前に対応すべき自行庫でのパンデミックリスク削減策を検討し、自行庫におけるリスクの極小化に向けた取組みを実施する。顧客に与える影響についても、たとえばパンデミックに対応するようなヘッジ機能をローン性商品に組み込むことで、顧客側の金銭的被害を軽減する取組みを推進する、といった手法が有効な施策の一つとなることだろう。

　家畜の感染症の流行はこれまでもたびたび発生している。畜産が盛んな地域であれば口蹄疫やCSF（豚熱）などによるパンデミックリスクが発生した場合、自行庫は直接の影響を受けることはないが、顧客企業は甚大な打撃を受けることが想定され、融資回収が困難になるなど、自行庫も間接的な影響を受けるだろう。震災の場合と同様に、過去の事例等を参考に、顧客企業が負うであろう営業損失などを試算し、保険機能を組み込んだローン商品を開

| 顧客リスクの低減に向けた方策検討 | 顧客リスクのヘッジ | 広報との連動・収益化 |
|---|---|---|
| ✓顧客が負うリスクを低減するために、自行庫ができる手当を検討 | ✓リスク低減を実現できるヘッジ性商品の開発やコンサルティング | ✓当該取組みについて対外に公表し、商品・サービスを訴求 |
| ●保険機能を組み込んだローン商品の開発等 | ●左記の商品・サービスの提供 | ●取組みの趣旨や商品・サービスについて、店頭・ホームページ・リレーション活動を通じて広宣 |

発し、顧客側企業に提供することが考えられる。

　地政学的なリスクにも適用が可能である。たとえば、顧客基盤が朝鮮半島に近く、有事の影響が考えられる場合には、対象顧客の韓国などとの交易状況などを評価するとともに、間接的に顧客が受ける影響も捕捉する必要がある。当該リスク発生時には従来の保険商品が適用されない可能性もあるため、必ずしもヘッジ性ローン商品ではカバーしきれない可能性があることも念頭に置いた対策立案が必要であろう。

　以上のモデルは、地域金融機関のリスク管理にとって重要なキーファクターである顧客リスクの把握・管理と、自行庫の取引先拡大（収益化）を両輪で実現する方法論であり、ここに地域金融機関におけるRAF構築の1つの意義が見出せよう。すなわち、従来のリスク管理の枠組みでは、収益との関連性の把握はおおむね財務的なリスクに限られていたが、顧客の視点を加味することにより、非財務リスクにおいてもそれが可能になるのである。

　従前知られる「統合リスク管理の延長上」にあるRAFの枠組みを踏襲した場合、収益モデル化を描くのは困難であった。その理由としては、構築に

際してのそもそもの負荷もあれば、リスク「管理」のみの視点では収益ストーリーを描きにくいといった構造的な課題も指摘できる。RAFの要は、取るべきリスクは取りつつ、可能な限り収益は極大化すること、そこで得られる収益は同じく持続可能的なものにすることと私たちは考えている。RAFの導入が単なるコストアップ要因となってしまうだけでなく、場合によっては自行庫のリスクを顧客に転嫁することで自行庫のリスクの圧縮も可能となってしまうのでは、本末転倒といわざるをえない。「顧客と共に栄える」「地域のために」等は地域金融機関の経営理念においてしばしば用いられる表現である。自公庫のリスクを極小化するだけでなく、顧客が被る可能性のあるリスクの芽を摘んでいくことも、RAFの視点からみた地域金融機関のあるべき姿と私たちは考える。

　こうしたRAFを取り巻く問題意識を念頭に置くと、本章で示したように、「RAF自体を収益モデル化する」といった方向感が見出せる。自行庫に閉じた管理指針を、顧客を取り巻くリスクにも展開することで、顧客への付加価値の提供が実現され、ひいては金融機関に収益を生み出すスキームに転じることが可能となるのである。

# おわりに

　RAFをいかに金融機関経営に生かすべきかと考え始めたとき、FSB（金融安定理事会）や金融庁等が公表するさまざまな文書のほか、シンクタンク職員や研究者が発表する書物など幅広い文献に目を通してみた。その結果、認識できたことが2点あった。まず、あまりにもG-SIFIsと呼ばれる国際的な大手金融機関に寄った視点で描かれており、そのままでは日本の地域金融機関、ましてやリソースの限られた多くの信用金庫などには適用しにくいこと。もう1つは、金融機関自身のリスク管理への対処ばかりフォーカスされ、顧客が被るであろうリスクへの配意が欠け落ちている点である。地域金融機関がこのとおりにRAFを構築した場合、自行庫のリスクを顧客に押し付けることも可能なモデルになりはしないだろうか。これが私たちの最初の感想である。

　残念ながらわが国にはRAF構築に際する拠り所となるようなガイドラインがない状態である。このような環境で、金融機関が外形重視でRAF構築を推進してしまったら何が起こるのだろうか。課題解決に向けた新しいかたちのRAFをデザインすることはできないのであろうか。これが本書執筆のきっかけとなった。

　本書執筆に際しては、金融庁、日本銀行がホームページ上において公表する多数の文書を参照するとともに、誤謬などが生じないよう正確に記述するよう努めた。とはいえ、筆者の誤解による記述も排除しきれないことから、本書を通じてお気づきの点などがあれば、ぜひご指摘いただけると幸甚である。

　なお、本書刊行に際しては、株式会社きんざいの皆様には貴重なアドバイスを頂戴した。この場をお借りして心より御礼申し上げたい。

2020年4月吉日

**大野　博堂**

# 事項索引

## 【英文字】

CIA ……………………………64
DeltaWall ……………………118
FATF（金融活動作業部会）………72,
　　　　　　　　　　　　117, 120
FISC……………56, 64, 65, 66, 68
FSB…i, 3, 10, 14, 15, 17, 25, 27, 30, 127
G-SIFIs ……………………17, 20, 127
IT資産管理台帳 …………………64
OFAC（米国財務省外国資産管理室）
　…………………………………77
RegTech ………………………116
RPA ……………25, 51, 100, 115
SupTech ………………………116

## 【ア行】

粗利益配分手法…………………93
英国金融当局（FCA）……………106

## 【カ行】

基礎的手法………………………93
行政処分事例集…………………106
金融機関等コンピュータシステムの
　安全対策基準・解説書（第9版）
　…………………………………64, 66
金融機関等におけるコンティンジェ
　ンシープラン策定のための手引書
　…………………………………68
金融行政方針……………………117
コンプライアンスリスク管理に関す
　る検査監督の考え方と進め方…104
コンティンジェンシープラン…65, 68

## 【サ行】

システム統合リスク管理態勢に関す
　る考え方・着眼点………………62
事務ミス…………………………97
新型コロナウイルス……………123
先進的計測手法…………………93

## 【タ行】

第3次対日相互審査………………72
第4次対日相互審査…………72, 89
中小・地域金融機関向けの総合的な
　監督指針……………i, 4, 59, 90, 121
デジタルトランスフォーメーション
　…………………………………62

## 【ハ行】

バーゼル銀行監督委員会（BCBS）
　……………………………11, 17, 94
犯罪収益移転危険度調査書………79
パンデミック………………5, 61, 123
フィデューシャリー・デューティー
　……………………………13, 106
フォワードルッキング…12, 26, 37, 112

## 【マ行】

マネー・ローンダリング及びテロ資
　金供与対策に関するガイドライン
　…………………………………72
ミスコンダクト…………………104

## 【ラ行】

リスクカルチャー…………………14

## 地域金融機関のためのRAF構築

2020年6月30日　第1刷発行

| | | | | | |
|---|---|---|---|---|---|
| 編著者 | 大 | 野 | 博 | 堂 | |
| 著　者 | 池 | 田 | 雅 | 史 | |
| | 田 | 中 | 公 | 義 | |
| | 山 | 本 | 邦 | 人 | |
| 発行者 | 加 | 藤 | 一 | 浩 | |

〒160-8520　東京都新宿区南元町19
発　行　所　一般社団法人 金融財政事情研究会
企画・制作・販売　株式会社きんざい
出 版 部　TEL 03(3355)2251　FAX 03(3357)7416
販売受付　TEL 03(3358)2891　FAX 03(3358)0037
URL https://www.kinzai.jp/

校正：株式会社友人社／印刷：株式会社太平印刷社

ISBN978-4-322-13531-2